MICHAEL MOYNAGH

STARTUP: KIRCHE

Neue christliche Communities gründen

Mit einem Vorwort von Michael Herbst

BRUNNEN
Verlag GmbH · Giessen

Englische Originalausgabe:
Michael Moynagh: Godsent: A Handbook for new Christian Communities, 2nd. Edition, Published by Fresh Expressions Limited, freshexpressions.org.uk

Aus dem Englischen von Rahel Dirren
Gefördert durch einen Druckkosten-Zuschuss des Reuss-Instituts

Lektorat: Uwe Bertelmann
Umschlagillustration: Alicia Bock/stocksy.com
Umschlaggestaltung: Jonathan Maul, Brunnen Verlag GmbH
Satz: Brunnen Verlag GmbH
Druck: CPI books GmbH, Leck
ISBN Buch 978-3-7655-2152-2
ISBN E-Book 978-3-7655-7852-6
www.brunnen-verlag.de

Inhalt

Vorwort

Wer würde schon „Kirche“ und „Start-up“ in einem Atemzug nennen!?

Kirche: Das ist doch das Alte, das, was immer schon da war und immer schon so ähnlich daherkam. Kirche: Das ist die ehrwürdige Institution – die freilich schon seit Längerem mit Problemen zu kämpfen hat und für ihr Angebot auf immer weniger Resonanz stößt. Kirche ist ein Unternehmen in einer schweren Krise.

Ein Start-up steht dagegen für das Neue, den Aufbruch, den Mut zum Risiko. Start-ups sind junge Unternehmen, die hohe Risiken in Kauf nehmen, aber mit der Überzeugung antreten, etwas auf den Markt zu bringen, das seine Käufer finden wird. Eine neue Geschäftsidee, eine innovative Strategie. Wenn es gut geht, werden Start-ups irgendwann zu „Einhörnern“, deren Wert mehr als eine Milliarde Euro beträgt. Start-ups sind Ausdruck einer entschiedenen Haltung: Mit den herkömmlichen Mitteln geht es nicht mehr. Start-ups brechen also mit lang eingeführten Prozeduren, wie man ein Geschäft führt, eine Dienstleistung anbietet oder eine Ware vermarktet. Wenn sich Existenzgründerinnen und junge Unternehmer auf den Weg machen, tun sie es mutig, hoffnungsfroh, erwartungsvoll.

Wer also würde schon „Kirche“ und „Start-up“ in einem Atemzug nennen? In diesem Fall steht die Antwort auf dem Buch-Cover: Michael Moynagh tut es. Seine Leidenschaft gilt seit Langem den neuen missionalen Communities. Sie sind seiner festen Überzeugung nach der Schlüssel zu dem Versuch, das Evangelium von Jesus Christus in einer postvolkskirchlichen, hochgradig säkularisierten Gesellschaft wieder zu Gehör zu bringen – mit großer Hoffnung auf Resonanz.

Wer ist Michael Moynagh? Zunächst ist Moynagh ein anglikanischer Geistlicher, in unserer Diktion also ein Pfarrer. Zugleich ist er auch akademischer Forscher und Lehrer, eng verbunden mit dem angesehenen

College Wycliffe Hall in Oxford. Er ist ein bienenfleißiger Autor, dessen Werke seit gut 10 Jahren in Deutschland viele inspiriert haben, neu über Kirche nachzudenken. Vor allem ist er der Nestor der kirchlichen Erneuerungsbewegung, die unter dem Namen *fresh expressions of church* bekannt wurde. Worum es bei den „neuen Ausdrucksformen gemeindlichen Lebens" geht, hat er in zahlreichen Anläufen durchdacht und seinen Leserinnen und Lesern theoretisch vermittelt, aber auch mit vielen Praxisbeispielen ans Herz gelegt. Sein wichtigstes Buch zur Sache erschien schon 2012: *Church for Every Context* (deutsch im Brunnen-Verlag 2016 unter dem Titel: *Fresh Expressions of Church. Eine Einführung in Theorie und Praxis*). Er hat in diesem grundlegenden Werk bestimmt, was eine „fresh expression" von anderen, durchaus sinnvollen kirchlichen Projekten unterscheidet. Demnach ist eine „fresh expression" …

- *missional:* Sie versteht sich als Teil der Mission Gottes, des großen göttlichen Abenteuers, in dem Gott sich auf den Weg macht, um seine Welt zu erneuern und seine Menschenkinder mit sich selbst zu versöhnen. Darum wendet sich eine *Fresh expression* gerade denen zu, die in keine Kirche gehen, um sie mit dem Evangelium vertraut zu machen. Im englischen Original dieses Buches wird das deutlich: Der Titel lautet dort „Godsent" (von Gott gesandt).
- *kontextuell:* Sie ist tief verwurzelt in der Lebenswelt *der* Menschen, an die sie sich wendet. Mission ist kein Überfallkommando, das ab und an mit großem Eifer zu den Menschen „da draußen" aufbricht, um sich dann wieder hinter die sicheren Mauern des eigenen Gemeindelebens zurückzuziehen. Wer eine „fresh expression" gründet, wird Teil der Lebenswelt (des „Sozialraums"), lebt das Leben mit denen, die für den Glauben an Christus gewonnen werden sollen, und sucht mit ihnen nach den Berührungspunkten zwischen ihrem Leben und dem Evangelium.
- *transformierend:* Ihre Leidenschaft ist es, den geliebten Mitmenschen die Nachfolge Christi als Lebensform vorzuleben, vorzustellen und vorzuschlagen.

- *ekklesial oder gemeindebildend:* Eine „fresh expression" ist keine „Zwischenlösung", die man in der Hoffnung wählt, dass über kurz oder lang die Menschen, die man erreicht, doch im traditionellen kirchlichen Raum heimisch werden, z. B. im Gottesdienst der Ortskirchengemeinde. Nicht, dass das nicht geschehen könnte! Aber es ist nicht der Normalfall, denn eine „fresh expression" trägt in sich den Keim einer eigenständigen, vollständigen Gestalt von Kirche aus eigenem Recht – hoffentlich mit guten, vertrauensvollen und engen Beziehungen zur traditionellen kirchlichen Welt, aber doch als die eigentliche gemeindliche Heimat ihrer Mitglieder.

Michael Moynagh gehörte von Anfang an zu den anglikanischen Protagonisten dieses missionarischen Aufbruchs, dessen Ideen auch in Deutschland Gehör fanden. Er sprach auf Konferenzen, beriet kirchliche Aufbrüche, wurde durch die Übersetzungen seiner Bücher auch bei uns gehört. Das gilt auch in besonderem Maß für unsere Arbeit am Greifswalder Institut zur Erforschung von Evangelisation und Gemeindeentwicklung (IEEG, 2004–2022). Und es gilt für die beiden neuen Einrichtungen, die das Erbe des IEEG weiterentwickeln: die Forschungsstelle für missionale Kirchen- und Gemeindeentwicklung (MKG) an der Martin-Luther-Universität Halle-Wittenberg und das Institut zur Erforschung von Mission und Kirche (IMK), das seinen Platz in der lutherischen Kirche in Österreich gefunden hat.

Dabei ist ein Aspekt nicht aus dem Nachdenken über Gemeinde und Kirche wegzudenken: Wir haben verstanden, dass Michael Moynagh keineswegs ein festes „Konzept" anbietet: „Macht dieses oder jenes, denn es hat auch in England funktioniert!" Was wo und mit wem und auf welche Weise geschehen soll, ist von Ort zu Ort und von Zeit zu Zeit verschieden. Es ist eben im strengen Sinn ebenso kontextuell wie missional. Diese Überzeugung gehört zum festen Repertoire derer, die sich mit „fresh expressions" befassen und dem weisen Anglikaner darin folgen, dass wir nicht einzelne Maßnahmen, Events und Reformen brauchen, sondern eben neue missional-kontextuelle Gemeinschaften. Und diese Gemeinschaften können so verschieden aussehen wie die vielen Start-ups in der Wirtschaft.

Aber der Weg zu diesen verschiedenen Lösungen der *einen* missionarischen Aufgabe kann beschrieben werden. Michael Moynagh spricht von einer gemeinsamen „missional journey". Auf dieser Reise, an deren Zielpunkt erst eine neue missionale Gemeinschaft entstanden sein wird, sind bestimmte Schritte unverzichtbar:

- auf Gott hören wie auch auf die Menschen in dieser speziellen Lebenswelt, in der sich das neue gemeindliche Start-up bilden soll,
- eine einfache Weise, die Menschen in dieser Lebenswelt zu lieben
- und mit ihnen Gemeinschaft zu bilden und zu leben,
- den Glauben an Christus mit ihnen zu teilen
- und so irgendwann zu einer neuen, tief in dieser Lebenswelt verwurzelten Gemeinde zu werden.
- Und dann? Dann beginnt alles wieder von vorne.

Wenn gerade zum Ausdruck kam, dass diese „Reise" mit ihren Stationen zum kleinen 1x1 missionarischer Bewegungen gehört: Wozu braucht es noch dieses *neue* Buch? Die Antwort findet, wer auch nur die ersten Seiten liest. Hier werden diejenigen Leserinnen und Leser angesprochen, die Ernst machen wollen, aber noch nicht recht wissen, wie. Michael Moynagh geht nämlich auf etwa 240 Seiten ins Detail, erläutert jeden Schritt der Reise zu einer neuen missionalen Gemeinschaft. Er erklärt, bebildert mit zahlreichen Beispielen, wie es aussehen könnte (aber nicht muss!), regt an, wie man mit bescheidenen Mitteln, sozusagen im eigenen Wohnzimmer, anfangen kann, und ermuntert dann, sich mit eigenen Ideen anzuschließen. Dabei trifft er genau den Ton: Er regt an, inspiriert und orientiert, er sorgt dafür, dass der Kompass nach Norden ausgerichtet bleibt. Aber er schreibt nichts vor. Die Ideen, die Michael Moynagh vorstellt, sind eben *Beispiele* und nicht *Rezepte* nach dem alten Motto: „Man nehme …“. Das ist nun eine gute und eine schlechte Nachricht. Wer sich auf den Weg macht, *muss* selbst nachdenken, beten, sich beraten, erproben, scheitern, das Gelingen feiern. Und: Wer sich auf den Weg macht, *darf* selbst nachdenken, beten, sich beraten, erproben, scheitern, das Gelingen feiern.

Wenn es gut geht, macht dieses Buch Christinnen und Christen Mut: Leben und Dienst ihrer Gemeinschaften noch einmal neu anzuschauen, sich nach außen zu wenden und mit anderen zusammen aufzubrechen, ja, neue missionale Gemeinschaften zu gründen, die über die Grenzen unserer Reichweite hinausreichen und damit die Wahrscheinlichkeit erhöhen, dass Menschen das Evangelium für sich als rettende und heilsame Kraft entdecken.

Dann könnte es sein, dass man beim Stichwort „Start-up“ auch an Kirche denkt.

Dass Sie diese deutsche Ausgabe in Händen halten, ist auch dem Reuss-Institut zu verdanken, einem Aus- und Weiterbildungsinstitut der reformierten und katholischen Kirche in der Schweiz, das erst seit 2019 unter diesem Namen existiert und damit selbst noch eine Art Start-up ist. Vom Reuss-Institut ging die Initiative zur Übersetzung dieses Buchs aus und es hat die Realisierung durch einen großzügigen Druckkostenzuschuss ermöglicht. Für die engagierte Begleitung der Herausgabe ist vor allem Frau Pfarrerin Sabine Brändlin zu danken.

Trunstadt, im Advent 2023
Michael Herbst

Erste Schritte

1. Worum geht es?

Ein Weg, wie Sie Jesus im 21. Jahrhundert nachfolgen können

Sind Sie bereit für ein Gedankenexperiment? Können wir uns kurz darauf verständigen, dass wir unsere theologische Prägung in den Hintergrund rücken? Dann lassen Sie uns doch von folgender Situation ausgehen: Stellen Sie sich vor, Gott hat einen Plan, um diese Welt zu verändern, und lädt Sie ein, bei diesem Plan mitzuwirken. Wie können Sie einen Beitrag leisten, wenn Sie nicht wissen, wie Ihr Glaube mit Ihrem Alltag zusammenhängt? Oder wenn Ihre Woche bereits so voll ist, dass nichts Neues mehr darin Platz findet?

Mit *Start-up:Kirche* halten Sie eine auf das Leben ausgerichtete Anleitung in den Händen, wie man Jesus im 21. Jahrhundert nachfolgen kann. Suchen Sie sich als Erstes einen Freund, eine Freundin – oder mehrere. Finden Sie dann gemeinsam heraus, wie Sie die Menschen um Sie herum lieben und ihnen dienen können – das können die Menschen in der Nachbarschaft sein, am Arbeitsplatz oder solche, mit denen Sie ein Hobby verbindet. Freunden Sie sich mit ihnen an, erzählen Sie ihnen von Jesus und so entsteht an diesem Ort eine neue *christliche Community*. Die neue *Community* bleibt aber nicht für sich allein. Sie ist mit einer bestehenden Gottesdienstgemeinschaft, einer Ortsgemeinde, oder mit einem Kirchenverband vernetzt.

Klingt das ein wenig einschüchternd? Keine Angst. Nicht alle durchlaufen alle Stationen der Reise. Und in *Start-up:Kirche* lesen Sie über den Heiligen Geist, der Sie bei jedem Schritt begleitet. Wenn Sie gerne das große Ganze sehen, stellen Sie sich vor, was durch diese Reise alles verändert werden kann. Und wenn Sie sich lieber auf den Moment konzentrieren, hilft Ihnen *Start-up:Kirche* dabei, den nächsten Schritt zu finden.

Das große Thema des Buchs ist Liebe. Wie können Christen und Christinnen ihre Nächsten im Alltag des 21. Jahrhunderts lieben?

1. Ein Beispiel

Die Gruppe „Knit and Natter" (stricken und plaudern) entstand in England, als Christine Crowder sich mit drei Menschen aus ihrem Freundeskreis traf und so für weitere Personen eine Gelegenheit schaffte, für einen bestimmten Zweck zu stricken. Sie strickten Gebetsmäntel für Trauernde, Decken für das lokale Frauenhaus und Mützen für „Weihnachten im Schuhkarton". Dabei beteten sie für die zukünftigen Besitzer und Besitzerinnen der gestrickten Stücke. Bald darauf halfen etwa 30 Personen mit. Die meisten von ihnen waren keine regelmäßigen Kirchenbesuchende, aber die kurzen geistlichen Impulse am Schluss waren beliebt und wurden bald zum Zentrum der Treffen.

2. Der Unterschied

In vielen Kirchen gibt es solche Initiativen, um Menschen außerhalb der Gemeinde zu erreichen. Die Hoffnung der Initiativen ist meist, dass einige der Erreichten bald am Sonntagmorgen in der Kirche anzutreffen sind. Aber das geschieht selten. Denn viele Menschen empfinden heute eine Kluft zwischen sich und den kulturellen Gepflogenheiten der Kirche.

Bei *Knit and Natter* war das anders. Die Teilnehmenden hatten die Möglichkeit, hier und jetzt und unter der Woche Kirche zu leben. Die Leitung gründete keine Sonntagmorgen-Gemeinde nach ihren Vorstellungen und lud dann dazu ein, sondern versuchte, gemeinsam mit den Teilnehmenden eine neue *christliche Community* aufzubauen. Eine, die für die Teilnehmenden in deren Alltag passte. Sie sagten nicht: „Komm am Sonntag zu unserem Gottesdienst." Sie sagten: „Wir kommen zu dir. Wenn du möchtest, bringen wir die Kirche zu dir, wo auch immer du bist."

3. Vier Werte

Der beschriebene Ansatz der Nachfolge Christi basiert auf vier christlichen Werten.

- *Missional – in die Welt hinausgehen*: Beschäftigen Sie sich mit Menschen außerhalb der Kirche. Gott lebt Mission, er wirkt in dieser Welt, um seine Liebe weiterzugeben. Es geht also nicht darum, hauptsächlich mit Christen und Christinnen zusammenzuarbeiten, sondern darum, an Gottes Mission mitzuwirken.

- *Kontextuell – im Kontext gründen*: Lieben Sie andere und teilen Sie Ihren Glauben an Christus auf eine Art und Weise, die der Situation der Menschen entspricht. Jesus war voll und ganz Teil seiner jüdischen Kultur. Deshalb ist es auch für uns wichtig, voll und ganz Teil unserer Kultur zu sein.
- *Transformierend – das Leben verändern*: Wo es passend ist, ermutigen Sie Menschen dazu, offen für Christus zu sein und so an einem volleren Leben teilzuhaben. Jesus beruft seine Jünger, andere Menschen in der Nachfolge zu unterstützen (Matthäus 28,19). Es geht also darum, den Auftrag Christi wahrzunehmen und sich in Gottes Missionsplan für die Welt einzureihen.
- *Ekklesial – mit der Kirche vernetzen*: Unterstützen Sie zum Glauben Gekommene darin, eine *christliche Community* zu gründen – an dem Ort, an dem sie sind, und als Teil der weiteren Kirche.[1] Sie könnten eine neue *Community* innerhalb einer Ortsgemeinde oder allenfalls auch eine neue eigenständige Gemeinde bilden. Die Teilnehmenden werden dazu ermächtigt, eine auf sie abgestimmte Gemeinde zu gründen.

Warum laden wir die Menschen nicht einfach am Sonntag in unsere Gemeinde ein?

Der Gottesdienst könnte zu weit weg oder zu einer unpassenden Zeit stattfinden. Kirche sollte im Alltag dort stattfinden, wo die Menschen sind.

Der Gottesdienst könnte kulturell unpassend sein. Die Predigt, die Musik usw. passen vielleicht nicht für die Menschen, die Sie kennen. Kirche im Alltag sollte auf eine Art stattfinden, mit der sich Ihr Freundeskreis identifizieren kann.

[1] Anm. d. Übers.: Neue christliche *Communities* sind „Teil der weiteren Kirche“, da sie in christlicher Tradition verwurzelt und mit anderen Kirchen und Gemeinden verbunden sind.

Der Gottesdienst könnte zu viel Glauben und christliches Vorwissen voraussetzen. Ihre Gemeinde besteht vielleicht nur aus langjährigen Mitgliedern. Kirche im Alltag richtet sich nach denen, die Christus erst gerade kennengelernt haben.

Die Gemeinde könnte für Ihren Freundeskreis aus vielen Fremden bestehen. Menschen, die den christlichen Glauben neu entdecken, kennen die anderen Mitglieder der Gottesdienstgemeinde vermutlich nicht und könnten dadurch eingeschüchtert werden. Kirche im Alltag findet unter Menschen statt, die sich bereits kennen.

4. Wie finden wir den Weg?

Die *Missional Journey*[2] kann als Landkarte gesehen werden, die Sie bei der Suche nach dem richtigen Weg zur Gründung einer neuen *christlichen Community* unterstützt. Sie hilft, zurückzuschauen, um zu sehen, wie weit Sie gekommen sind, und die nächsten Schritte zu erkennen.

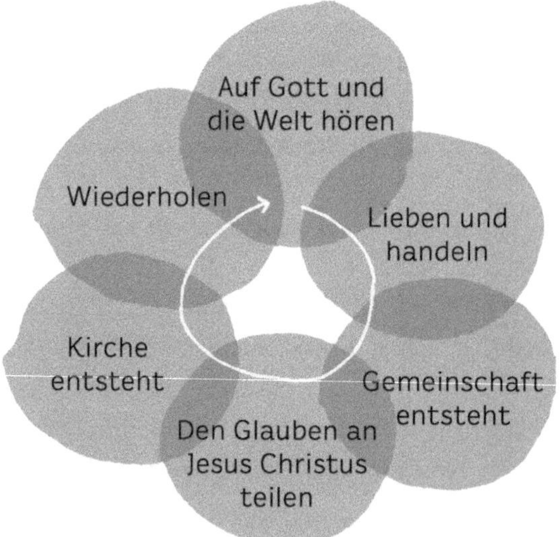

[2] Anm. d. Übers.: Die *Missional Journey* (wörtl.: missionale Reise, missionaler Prozess) versteht sich als kirchlicher Wachstumskreislauf.

Wie bei jeder Landkarte gibt es mehrere Wege ans Ziel, aber jeder Weg verläuft nach den folgenden Kriterien:

- *Hören* Sie liebevoll auf Gott und die Menschen um Sie herum.
- Dadurch werden Sie im Gebet eine einfache Art entdecken, zu *handeln und diese Menschen zu lieben.*
- Dieser liebevolle Weg wird wie ein Brunnen, um den sich Menschen versammeln und *Gemeinschaft leben.*
- Das Vertrauen wächst und Sie werden natürliche Gelegenheiten finden, Ihren *Glauben an Christus zu teilen.* Dies kann durch eine einfache Einladung geschehen: „Wollen wir gemeinsam Spiritualität entdecken? Jesus ist als einer der bedeutendsten geistlichen Lehrer bekannt. Schauen wir uns doch einige der Geschichten an, die er erzählt hat, und tauschen uns darüber aus." Menschen finden zum Glauben und eine neue *christliche Community,* die mit der ganzen Kirche vernetzt ist, nimmt Gestalt an.
- Sie ist da, wo die zum Glauben Gekommenen sind, und wird deshalb für sie zu ihrer *Gemeinde* – zu dem Ort, an dem sie *Kirche* leben.
- Zum Glauben Gekommene *wiederholen den Kreislauf* auf ihre eigene Art, wodurch die Gemeindeentwicklung sich weiter multipliziert.

Im Alltag sieht das natürlich etwas weniger geordnet aus. Die Schritte können überlappen oder gleichzeitig ablaufen oder die Reihenfolge ändert sich. Oft wechseln die Teams während des Prozesses wieder zu einem früheren Schritt.

Die Schritte sind nicht einfach ein Sprungbrett für den nächsten Schritt, sondern haben auch einen Eigenwert. Die Schritte *Auf Gott und die Welt hören*, *Lieben und handeln* sowie *Gemeinschaft entsteht* sind in sich selbst erstrebenswert. Das heißt, jeder Schritt läuft weiter, auch wenn nächste Schritte dazukommen. Deshalb überlappen sich die Kreise in der Grafik.

Zwei Beispiele

„Thirst" (Durst) ist eine neue christliche Gemeinschaft, die unter Eltern entstanden ist, die ihre Kinder zur Schule bringen. Sue ***hörte*** *anderen Eltern zu und merkte, dass diese sich treffen wollten. Also zeigte sie ihre Liebe, indem sie organisierte, dass die Eltern einmal in der Woche das Lehrerzimmer nutzen durften, und Snacks mitbrachte. Alle, die wollten, waren willkommen. So entstand* ***Gemeinschaft*** *unter den Eltern, die regelmäßig kamen. Eine* ***christliche Community*** *bildete sich, indem sie eine „Entdeckergruppe" an einem anderen Tag startete, wo sie* ***ihren Glauben an Jesus teilte****. Nach einiger Zeit wurde diese Gruppe für die Teilnehmenden zu ihrer* ***„Gemeinde"****. Aber die Kinder und Partner oder Partnerinnen der Teilnehmenden waren an diesen Treffen jeweils nicht dabei. Also* ***wiederholten*** *sie diesen Kreislauf und gründeten ein generationenübergreifendes Treffen jeweils am Samstagnachmittag, zu dem alle kommen konnten, die wollten.*

Hot Chocolate entstand in Dundee (Schottland), weil eine Gruppe von Christen und Christinnen diese „Missional Journey" intuitiv unternahm. Sie brachten den Teenagern im Stadtzentrum heiße Schokolade und ***hörten*** *ihnen zu. Dabei fanden sie heraus, dass die jungen Menschen einen Ort suchten, an dem sie sich treffen konnten. Sie zeigten den Jugendlichen ihre Liebe, indem sie ihnen einen Raum in ihrer Kirche zur Verfügung stellten. Während der Treffen entstand* ***Gemeinschaft*** *unter den Teenagern und christlichen Freiwilligen. Die Christen und Christinnen* ***teilten ihren Glauben an Jesus****, indem sie interessierte Jugendliche dazu ermutigten, bei ihrer Teamsitzung dabei zu sein (Essen, Planung, Ausrichten auf Gott). Das Team wurde größer und so entstand eine Gemeinde, eine* ***christliche Community****, die mit der Muttergemeinde verbunden war. Die Gemeinde hat bis jetzt den letzten Schritt („****Wiederholen****") noch nicht getan und sich noch nicht multipliziert, wurde aber in den 20 Jahren, in denen sie besteht, eine Inspiration für andere.*

Sie müssen sich nicht unter Druck setzen, den ganzen Kreislauf zu durchlaufen. Wichtig ist Folgendes: Die Schritte *Auf Gott und die Welt hören* sowie *Lieben und handeln* kommen zuerst und sind die Motivation für die nächsten Schritte.

Als Jesus seine 72 Jüngerinnen und Jünger in Lukas 10 aussandte, hatten sie ein klares Ziel: die Städte und Dörfer auf sein Kommen vorzubereiten. Im Voraus warnte Jesus, dass sie nicht überall mit offenen Armen empfangen werden würden. Die Jüngerinnen und Jünger hatten ein Ziel vor Augen, aber sie wussten auch, dass dieses Ziel realistischerweise nicht immer erreicht werden würde.

Die *Missional Journey* kann Ihnen als Vision dienen und Sie im nächsten Schritt unterstützen. Sie müssen den Weg aber nicht genauso durchlaufen wie vorgeschlagen. Gehen Sie in dem Tempo, das Gottes Geist Ihnen zeigt, einen Schritt nach dem anderen.

5. Das Ziel

Der Schritt ***Kirche entsteht*** beschreibt die Phase, in der eine neue *christliche Community* entsteht. Einige Mitglieder werden dies als „meine Gemeinde" empfinden. Andere werden die *Community* als eine von vielen Gottesdienstgemeinschaften sehen, die Teil der Ortsgemeinde sind. Weitere werden zum Beispiel von *missionalen Gemeinschaften* oder *Fresh Expressions* sprechen. Nennen Sie die *Community*, wie Sie möchten.

Wichtig ist: Eine neue *christliche Community* ist nicht besser als eine bestehende Gottesdienstgemeinschaft. Sie ist eine Alternative für Menschen, für die sich die Kirche in ihrer überkommenen Form unzugänglich anfühlt. Die Kirche ist *sowohl als auch*. Es geht um die Kirche in vielfältiger Gestalt. Einige sprechen von *Mixed Ecology*. Damit sind alte und neue Gottesdienste, verschiedene Stile und Veranstaltungsformen und -größen, Zeiten und Orte gemeint. Alle Ausdrucksformen sind miteinander verbunden und bilden ein vielfältiges Ökosystem.

Stellen Sie sich ein Rad vor mit der Muttergemeinde als Radnabe und einer oder mehreren neuen christlichen *Communities* am Radkranz. Diese *Communities* sind miteinander und mit der Muttergemeinde an der Radnabe verbunden.

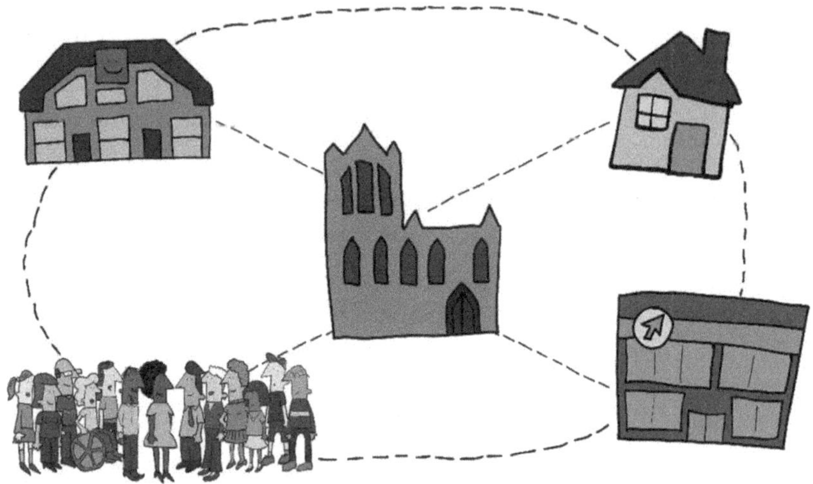

6. Das klingt nach viel Arbeit ...

Keine Angst, dieses Buch begleitet Sie bei jedem Schritt. Der Anfang ist kinderleicht. Suchen Sie sich einen Freund, eine Freundin und lesen Sie die nächsten Kapitel betend gemeinsam. Oder vielleicht sind Sie bereits mittendrin im Prozess. Vielleicht organisieren Sie einen Mittagstisch für Senioren und Seniorinnen oder treffen sich einmal die Woche zum Kaffee mit Menschen, die nicht in die Kirche gehen. Wenn da ein Gemeinschaftsgefühl vorhanden ist, haben Sie bereits die erste Hälfte der *Missional Journey* geschafft.

Ein Beispiel für den nächsten Schritt ist ein Mittagstisch in Lincolnshire (England). Nach dem Mittagessen führte das Team eine „spirituelle Extrazeit" ein. Alle, die bleiben wollten, versammelten sich um einen Tisch mit einer Kerze. Es wurde christliche Musik abgespielt und eine ermutigende Bibelstelle gelesen (auch sonstige spirituelle Texte eignen sich). Dann war man einige Zeit ruhig für ein stilles Gebet (oder auch „positive Gedanken", wenn die Teilnehmenden dies bevorzugen). Zum Abschluss las man ein oder zwei Gebete. Insgesamt waren das etwa 15 Minuten. Mehr als die Hälfte des ganzen Mittagstisches blieb für diese Andacht.

Vielleicht könnten Sie etwas Ähnliches einführen.

Zum weiteren Austausch

Lektüre

Lesen Sie Matthäus 25,14-30 (das Gleichnis der Talente).

- Stellen Sie sich vor, diese Geschichte würde heute stattfinden. Wie würde das aussehen?
- Welche „Talente" – Interessen und Leidenschaften, Gaben und Fähigkeiten, Wissen und Erfahrungen – hat Gott Ihnen gegeben? Wie könnten Sie diese Talente anderen Menschen in Ihrem Freundeskreis, in der Nachbarschaft, am Arbeitsplatz oder an anderen Orten zur Verfügung stellen?
- Mit wem könnten Sie zusammenarbeiten?

Reflexion

- Was ist Ihre Reaktion zu diesem Kapitel?
- Was finden Sie spannend, was herausfordernd? Welche Fragen und Bedenken haben Sie?
- Welchen Teil von *Start-up:Kirche* würden Sie aufgrund Ihrer obigen Antworten gerne als Nächstes lesen?

Stellen Sie sich vor …

Stellen Sie sich vor, Sie laden ein paar (noch) nicht-christliche Freunde und Freundinnen in eine typische Ortsgemeinde ein (zum Beispiel in Ihre eigene). Was fände Ihr Freundeskreis überraschend, was hilfreich und was unattraktiv? Wenn diese Menschen Jesus nachfolgen würden, was wäre für sie eine natürliche Art von Gottesdienst?

- Würden sie eine Predigt oder ein Gespräch, einen Podcast oder ein Video, eine Diskussion oder eine Kombination dieser Vorschläge bevorzugen?
- Fänden sie es hilfreicher, christliche Lieder zu singen oder christliche Musik zu hören? Welche Art von christlicher Musik würden sie bevorzugen?
- Würden sie den Gottesdienst gerne mit einem Essen kombinieren oder Essen und Kirche lieber getrennt halten wollen?
- Wie würden sie beten? Mit spontan gesprochenen, aufgeschriebenen oder stillen Gebeten? Oder würden sie lieber beim Anblick eines christlichen Kunstwerks meditieren?
- Was wäre für sie sonst noch hilfreich?

2. Warum müssen wir uns diese Gedanken machen?

5 Gründe, die zum Nachdenken anregen

Was wir suchen, ist ein Weg, wie man Jesus im 21. Jahrhundert nachfolgen kann.

Suchen Sie sich einen Freund, eine Freundin, oder mehrere, hören Sie gemeinsam auf Gott und Ihr Umfeld und lieben Sie die Menschen um Sie herum. Schließen Sie Freundschaften und bauen Sie Gemeinschaft mit diesen Menschen auf. Nach einiger Zeit können Sie von Ihrem Glauben an Christus erzählen. Wenn die Teilnehmenden bereit sind, gründen Sie da, wo Sie sind, eine neue *christliche Community*. Ermutigen Sie dann die Menschen, die neu zum Glauben gefunden haben, es Ihnen nachzumachen und die *Missional Journey* auf ihre eigene Art zu durchlaufen. Die Gründe, weshalb dieser Weg sinnvoll ist, werden in diesem Kapitel erläutert.

1. Sie können Menschen lieben

Die *Missional Journey* hilft Ihnen dabei, das höchste Gebot zu halten und Ihre Nächsten zu lieben (Markus 12,28-31). Unser Verständnis von Liebe ist oft nur begrenzt: Wir denken an warme Gefühle oder ein gutes Gespräch. Aber Liebe ist auch praktisch. Praktische Liebe muss geplant und organisiert werden. Denken Sie nur an das, was Liebe in einer Familie bedeutet: die Kinder zur Schule bringen, Abendessen kochen, Familienausflüge oder Geburtstagsfeste planen, Feiertage gemeinsam verbringen. Diese Liebe ist nicht einfach da, sie muss organisiert werden.[3]

Natürlich kann man diese praktische Liebe allein organisieren und viele alleinerziehende Eltern tun das hervorragend. Aber wünschen sich nicht viele Alleinerziehende einen Partner, eine Partnerin an der Seite?

[3] Anm. d. Übers.: Im Folgenden wird für diese Art von Liebe der Begriff aus der englischen Ausgabe – *Organised Love* (organisierte Liebe) – genutzt.

Auch für Ihre Initiative ist es hilfreich, mit Freundinnen und Freunden zusammenzuarbeiten und so gemeinsam *Organised Love* zu leben.

In einem englischen Dorf trafen sich zum Beispiel zwei Frauen, um Jugendlichen das Kochen beizubringen. Die eine kannte ein paar Teenager, die andere liebte es zu kochen. Diese Initiative gäbe es nicht, wenn es jede für sich allein versucht hätte.

Organised Love bringt Menschen außerhalb der Kirche zusammen und schafft Raum für die Entstehung einer neuen *Community*.

2. Sie folgen dem Vorbild Christi

Jesus traf sich mit Menschen, die von der jüdischen Gesellschaft ausgeschlossen waren (Markus 2,15-17). Sie können es ihm nachtun, indem Sie Menschen lieben und dienen, die von der Kirche ausgeschlossen sind.

Überlegen Sie sich einmal Folgendes: *Jede* Gottesdienstgemeinschaft ist von Natur aus exklusiv. Sobald man sich darauf einigt, sich zu einer *bestimmten Zeit* an einem *bestimmten Ort* auf eine *bestimmte Art* und mit einem *bestimmten Zweck* zu treffen, werden bestimmte Personen angezogen, aber andere ausgeschlossen:

Alle, die nicht an diesen *bestimmten Ort* kommen können, weil es zum Beispiel zu weit weg oder nicht barrierefrei zugänglich ist. Alle, die sich zu dieser *bestimmten Zeit* nicht treffen können, weil sie arbeiten oder andere Verpflichtungen haben. Alle, die von der *bestimmten Art* abgeschreckt werden, weil sie zum Beispiel zu formell ist oder die Musik sie nicht anspricht. Alle, die mit dem *bestimmten Zweck,* Christus anzubeten, nichts anfangen können.

Wir beten einen Gott an, dessen Sohn mit ausgestreckten Armen starb und alle willkommen hieß. Gleichzeitig schließt unser Gottesdienst jedoch Menschen aus. Wir Christen und Christinnen müssen also neue *Communities* schaffen, die zu *Zeiten*, an *Orten*, auf *Arten* und mit *Zwecken* stattfinden, die für Menschen zugänglich sind, die zu den bisherigen Gemeinden und den überkommenen Formen von Kirche keinen Zugang finden.

Tim traf sich zum Beispiel mit ein paar jungen Erwachsenen, die nicht mehr in die Kirche gingen. Ein Jugendlicher mochte Kanufahren. Also mietete die Gruppe einige Kanus und bot in den sozialen Medien gratis Kanufahren an. So trafen sich Familien, die nicht in die Kirche gingen, am Samstagnachmittag zum Kanufahren. Danach blieben sie noch für ein Picknick oder ein Barbecue. Einer der Jugendlichen erzählte den Kindern jeweils eine Geschichte aus der Bibel, die Eltern hörten mit. Nach einer Weile bemerkte Tim, dass die Eltern die Geschichten mochten. Deshalb schlug er den Eltern vor: „Einige treffen sich jeweils am Dienstagabend zu Essen und Geschichten. Sie können gerne auch kommen, wenn Sie möchten." Eine kleine Gruppe traf sich also am Dienstag, entdeckte gemeinsam, wer Jesus war, lernte zu beten und wurde zu einer christlichen Community in Tims Wohnung.

Tim sah das Kanufahren nicht einfach nur als Mittel, um Menschen in die Kirche zu bringen. Das Kanufahren selbst war wertvoll, denn es führte zu Freundschaften mit Eigenwert. Die Dienstagabende, in denen über Christus gesprochen wurde, verliehen dem Ganzen eine zusätzliche Dimension. Tim und sein Team machten Gottes Familie für mehr Menschen zugänglich.

3. Ihr Glaube wächst

Für viele Kirchenbesucher ist Nachfolge Christi wie Basketball ohne Korb oder Fußball ohne Tor. Man spielt sich gegenseitig den Ball zu, aber ohne Ziel. Und nach einer Weile passt man sich der Menge an. Oft gehen christliche Menschen im Alltag auf und leben angepasst an die Welt. Wenn Sie ein Leben führen möchten, in dem Ihr christlicher Glaube zur Wirkung kommt, hilft es, sich mit christlichen Freunden und Freundinnen zusammenzutun, um in *Organised Love* – einfacher, organisierter Liebe – Menschen außerhalb der Kirche zu begegnen.

Organised Love richtet einen Teil Ihres Lebens auf Gott aus. Wenn Sie „organisiert lieben“ und sich nicht sicher sind, ob es funktionieren wird, weitet sich Ihr Glaube und Sie werden zum Gebet ermutigt. *Organised Love* bringt Ihnen die Freuden und Leiden der Menschen näher, die Sie lieben. Wenn Sie so Gott sowohl im Sturm als auch bei Sonnenschein entdecken, regt das an, vereinfachte Gottesbilder zu hinterfragen. Außerdem bieten sich Ihnen Gelegenheiten, christliche Nächstenliebe zu üben, die sich in Ihrer Muttergemeinde nicht bieten würden. Vielleicht werden Sie selbst überrascht sein, wenn Sie in Ihrer Gruppe plötzlich eine Gebetszeit leiten oder eine Andacht halten: „Ich hätte nie gedacht, dass ich so etwas kann!“

Im Jahr 2022 wurde anhand einer Umfrage von Kirchenbesuchern die *Fruitfulness Framework*-Studie durchgeführt. Befragt wurden Personen, die neue christliche *Communities* gegründet hatten oder solchen beigetreten waren.[4] In 24 Kategorien wurden sie zur heutigen Situation befragt sowie dazu, wie sie die Frage zum Zeitpunkt der Gründung oder ihres Beitritts beantwortet hätten. Die untersuchten Kategorien betrafen die Beziehung zu Gott, zu anderen Christinnen und Christen und zu Menschen außerhalb der Kirche. Der Studie zufolge erlebten die Befragten in dieser Zeitspanne in fast allen 24 Kategorien geistliches Wachstum.

Folgend einige Beispiele:

- 45% der Teilnehmenden hatten zum Zeitpunkt, als sie ihre christlichen *Communities* gründeten oder ihnen beitraten, täglich gebetet. Dieser Anteil war bis zum Zeitpunkt der Umfrage auf 65% gestiegen.
- Der Anteil von Personen, die regelmäßig anderen Menschen vergeben konnten, wuchs um 22%.
- Der Anteil von Teilnehmenden, die einen Sinn in ihrem Leben spürten, nahm von 44% auf 79% zu.

---

4 Den gesamten englischen Bericht finden Sie unter dem unter „Material“ (S. 243) angegebenen Link.

Um Christus ähnlicher zu werden, gibt es nichts Besseres, als Menschen außerhalb der Kirche gemeinsam mit anderen Christen und Christinnen zu dienen.

4. Ihr Leben wird bereichert

Organised Love muss keine zusätzliche Last sein, ist jedoch trotzdem eine zusätzliche Verpflichtung. Sie kann Teil einer bereits vorhandenen Leidenschaft oder eines ihrer Interessensgebiete sein. Ihr Interesse kann dadurch sogar zunehmen.

Louisa war eine Gemeindekrankenschwester in East Midlands (England). Sie wusste, dass es in dieser Region viele Mütter gab, die unter postnataler Depression litten, und redete mit Charlie und seiner Frau darüber, die in der Nähe wohnten. So kam eine Idee auf: Das Paar öffnete ihr Haus einmal die Woche, damit Mütter mit ihren Kindern vorbeikommen und bei Louisa medizinische Hilfe in Anspruch nehmen konnten. Nach einer Weile trafen sich die Mütter ein zweites Mal in der Woche, während ihre Partner auf die Kinder aufpassten. Charlie schlug den Müttern ein paar Dinge vor, die sie bei diesem zweiten Treffen tun könnten. Sie entschieden sich, ein Video zu schauen, in denen Menschen erzählten, wie Gott ihr Leben verändert hatte. Und so wurde die Gruppe langsam zu einer christlichen Community, was als bereichernd empfunden wurde. Louisas Berufsleben wurde um eine neue Dimension ergänzt.

Dies kann in jedem Kontext geschehen. Verbringen Sie viel Zeit bei Ihrer Arbeit? Neue christliche *Communities* können überall entstehen: in Büros, Arztpraxen oder Schulen. Sie könnten zum Beispiel mit einem Freund oder einer Freundin Donuts oder Brötchen an die Mitarbeitenden im Büro verteilen und sehen, was daraus wächst.

Oder möchten Sie sich um Obdachlose kümmern? Oder um Frauen, die von sexueller Gewalt betroffen sind? Möchten Sie Asylsuchende unterstützen? Oder die LGBTQ+ Community? Teenager im Quartier?

Oder Menschen mit Lernschwierigkeiten? Ein kleines Team kann diesen Menschen zuhören, sie lieben, mit ihnen *Gemeinschaft aufbauen*, den Interessierten von ihrem Glauben an Christus erzählen und so dazu beitragen, dass eine *christliche Community* entsteht.

Schlägt Ihr Herz für die Umwelt, für soziale Gerechtigkeit oder für globale Armut? Hören Sie Menschen außerhalb der Kirche zu, die dieselbe Leidenschaft teilen. Finden Sie Wege, wie Sie zusammenarbeiten können. Bilden Sie dabei eine *Community* und entdecken Sie, wie christliche Spiritualität in diesem Thema einen Beitrag leisten kann.

Lieben Sie Sport? Gehen Sie oft mit Ihrem Hund spazieren? Lieben Sie es, zu singen oder Fahrräder zu reparieren? In solchen oder ähnlichen Kontexten wurden neue christliche *Communities* gegründet. Leben Sie in einem Dorf? In einem sozial benachteiligen Stadtteil? Oder gehören Sie einer ethnischen Minderheit an? Auch in diesem Umfeld entstehen neue christliche *Communities*. Die Liebe Christi kann zu allen und überall hingetragen werden.

5. Ihre Gemeinde wird neu belebt

Bewegt sich Ihre Gemeinde in immer demselben Trott? Nimmt die Besucherzahl ab? Sind Sie unsicher, wie Sie das Wort Gottes außerhalb der Gemeinde weitertragen können? Bauen Sie auf dem auf, was Sie haben. Schauen Sie sich an, welche Einsatzmöglichkeiten in Ihrer Gemeinde bereits angeboten werden, zum Beispiel eine „Tafel“ oder ein Treffen für Trauernde. Einige Gemeindeglieder initiieren vielleicht sogar Gruppen, von denen die Gemeindeleitung gar nichts weiß.

Ein Gemeindeglied bot ein regelmäßiges Treffen an, bei dem die Senioren und Seniorinnen ihre Lebensbiografie schrieben und sie ihrer Familie weitergaben. In der Gruppe tauschten sie sich über das Geschriebene aus. Der Gemeindeleitung war dieses Treffen gar nicht bekannt.

Wäre es möglich, dass die Leitung dieser Gruppen einen freiwilligen geistlichen Abschluss anbietet? Einige Beispiele:

- Eine kurze Zeit der Stille für den Kopf oder die Seele. Laden Sie die Teilnehmenden ein, ihre Gedanken in Stille zu sammeln, Gott zu danken, falls sie an ihn oder an eine andere höhere Macht glauben, oder für andere Teilnehmende oder Situationen zu beten, die sie beschäftigen (oder gute Gedanken über diese zu haben).
- Laden Sie einige Bilder aus dem Internet herunter. Die Teilnehmenden können ein Bild auswählen, darüber nachdenken und (wenn sie möchten) mit der Gruppe teilen, was sie aus diesem Bild für ihr Leben oder eine vertraute Situation mitnehmen.
- Nehmen Sie einen Gegenstand aus der Natur oder von zu Hause mit, der Ihnen etwas bedeutet. Welche Gedanken, die mit dem Glauben zu tun haben, werden dadurch in der Gruppe angeregt? Könnte beim nächsten Mal jemand anderes einen Gegenstand mitbringen?

In Kapitel 14 finden Sie weitere Ideen für solche ersten Schritte für spirituelle Impulse.

Denken Sie an die Kirche in vielfältiger Gestalt, die „Mixed Ecology"

Wenn Gemeindeglieder andere anfragen, um ihre Leidenschaft oder ihr Interesse als *Organised Love* in die Tat umzusetzen, heißt das nicht, dass alle Teammitglieder dieselben Interessen haben müssen.

Ein Paar entschied sich, dass einer von den beiden mit einigen Freunden eine Radtour unternahm, während der andere das Essen vorbereitete. Nach der Tour wurde zusammen gegessen und gefeiert.

Ermutigen Sie einige Kleingruppen (falls es dies in Ihrer Gemeinde gibt), ausgehend von einer Leidenschaft einer Person in der Gruppe, eine Initiative der *Organised Love* aufzubauen. In diesem Kontext können dann auch

Gebet, Bibellektüre und geistliche Gemeinschaft ihren Platz haben. Andere Gruppen der Gemeinde, die sich ganz klassisch zu diesen Dingen treffen, können eine dieser missionalen Initiativen regelmäßig im Gebet und auch praktisch unterstützen. Beten Sie, dass die Initiativen Menschen außerhalb der Kirche anziehen, sie mit Jesus vertraut machen und dass eine neue *Community* entsteht, die mit der Muttergemeinde verbunden ist.

So lebt Ihre Gemeinde die *Mixed Ecology*: In unterschiedlichen *Communities* treffen sich unterschiedliche Menschen zu unterschiedlicher Zeit an unterschiedlichen Orten, die aber alle miteinander verbunden sind.

Achtung!

Bereits bestehende Kleingruppen haben oft Mühe, zu einem Team zu werden, das sich auf Menschen außerhalb der Gemeinde fokussiert. Die Teammitglieder haben oft verschiedene Vorstellungen, wie der Auftrag Christi umgesetzt werden sollte, und nicht alle sehen sich im missionarischen Bereich. Es kann also auch einfacher sein, eine neue Gruppe zu gründen, die sich auf Menschen außerhalb der Kirche fokussiert.

Zu klein?

Einige denken, dass neue christliche *Communities* nicht wichtig sind, weil sie zu klein sind, um etwas zu bewirken. Aber gerade *weil* sie oft klein sind, sind sie wichtig. Sie entsprechen einer Größe, deren Leitung auch „Laien" in den Herausforderungen des Alltags bewältigen können. Gott braucht diese Gruppen, um „normale" Christinnen und Christen in ihrem Lebensumfeld zu mobilisieren, die so zur Antwort auf das Gebet „dein Reich komme" werden. Denken Sie daran, Jesus sagte nicht: „Wenn 10 Leute in meinem Namen versammelt sind …" Nein, wenn zwei oder drei versammelt sind, ist er mitten unter ihnen (Matthäus 18,20).

Eucharistie/Abendmahl leben

Neue christliche *Communities* können als eine Art Eucharistie/Abendmahl für die Welt gesehen werden[5]. Durch den Geist sind Sie und die anderen Teammitglieder gerufen und werden durch andere im Gebet unterstützt (Jesus „nimmt“ und „segnet“ Sie). Sie gehen aus Ihrer Gemeinde hinaus (Jesus „bricht“ Sie als Brot) und werden den Menschen außerhalb der Kirche als Leib Christi angeboten (Jesus „gibt“ Sie). Menschen versammeln sich, hören das Wort Gottes und empfangen Ihre *Organised Love* (die Gaben), die sie auf ihre eigene Art und Weise „essen“. So werden sie in eine neue *christliche Community* verwandelt und werden gesendet, um den Prozess zu wiederholen. Ihr christliches Leben gleicht also der Eucharistie/dem Abendmahl.

Achtung!

Von der Muttergemeinde „abgebrochen" zu sein, heißt nicht, dass man sich vollständig von dieser trennt. Sie können immer noch an den Gottesdiensten teilnehmen und sich mit Freunden oder Freundinnen ihrer Gemeinde treffen. Aber Ihr christliches Leben hat einen neuen Fokus. Lesen Sie dazu das nächste Kapitel.

Einige Menschen in der Gemeinde sind besorgt darüber, dass in den neuen christlichen *Communities* die Eucharistie/das Abendmahl selten oder sogar nie gefeiert wird und diese deshalb keine „richtige“ Gemeinde sind. Aber viele neue christliche *Communities* beginnen mit einem Essen. Wie die Mahlzeiten, die Jesus mit seinen Jüngern teilte, kann gemeinsames Essen der erste Schritt in Richtung Eucharistie/Abendmahl sein. Andere Schritte können dazukommen, wenn sich die Teilnehmenden näher zu Christus bewegen. Lesen Sie dazu Kapitel 15.

[5] Anm. d. Übers.: Der folgende Abschnitt orientiert sich an 1. Korinther 11,23-25

Zum weiteren Austausch

Lektüre

Lesen Sie Markus 8,22-26 (die Heilung eines Blinden in Betsaida) und denken Sie in Stille über die Geschichte nach. Die Augen des Mannes wurden geöffnet. Er konnte Dinge sehen, die er vorher noch nie gesehen hatte.

- Konnten Sie durch *Start-up:Kirche* Dinge sehen, die Sie vorher nicht gesehen hatten? Wie und wo wurden Ihre Augen geöffnet?
- Sehen Sie einige Dinge, aber noch nicht ganz klar? Jesus musste den Heilungsprozess wiederholen, bevor der Mann richtig sah. Welche Teile der ersten beiden Kapitel von *Start-up:Kirche* möchten Sie sich nochmals anschauen, damit Sie klarer sehen?

Stellen sie sich vor ...

Stellen Sie sich eine Skala von 1–10 vor (1 = gegen neue christliche *Communities*, 5 = offen für neue *Communities*, 10 = begeistert von neuen *Communities*).

- Wo waren Sie auf dieser Skala, bevor Sie dieses Kapitel gelesen haben? Und wo würden Sie sich jetzt sehen?
- Was hat Sie zu einem Wandel beeinflusst? Was hat Sie beeinflusst, auf der Skala am selben Ort zu bleiben?
- Welche Zweifel und Fragen sind noch offen? Wo können Sie sich Antworten suchen für diese Zweifel und Fragen? Sie könnten zum Beispiel
  - andere Kapitel von *Start-up:Kirche* lesen.
  - eine neue *christliche Community* besuchen.
  - *Communities* online suchen.
  - mit jemandem sprechen, der oder die Erfahrung darin hat. Wer könnte das sein?

3. Was könnte mein erster Schritt sein?

Suchen Sie sich einen Freund, eine Freundin, oder mehrere

Möchten Sie die Welt verändern? Dafür brauchen Sie Gemeinschaft.

Einige Christinnen und Christen unterstützten Arbeitskollegen und -kolleginnen, die entlassen wurden. Sie bezahlten allen eine Beratung. Der Kommentar fiel: „Diese Christen sind besser als unsere Personalabteilung." Niemand hätte diese Unterstützung allein anbieten können. Dazu war eine Gruppe nötig.

Praktische Liebe setzt oft Gemeinschaft voraus. Das ist auch bei Gott der Fall. Sehen Sie sich Jesus an. Er war dauernd mit seinem Vater verbunden und ließ sich durch den Heiligen Geist führen. Dies war ein Teil seiner göttlichen Gemeinschaft, die er mit seiner Liebe weitergab. Der brasilianische Theologe Leonardo Boff sagte einmal über die Dreieinigkeit, dass Vater, Sohn und Heiliger Geist immer gemeinsam unterwegs sind. Sie erschaffen und retten gemeinsam und möchten, dass wir Teil ihrer Gemeinschaft des Lebens und der Liebe sind. Wenn Sie die Welt verändern möchten, können Sie sich an dem dreieinigen Gott ein Beispiel nehmen und mit Gemeinschaft beginnen. Klingt das beängstigend? Es kann ganz einfach sein. Treffen Sie sich mit einem Freund, einer Freundin.

1. Suchen Sie sich einen Freund, eine Freundin (oder mehrere)

Folgen Sie Christus gemeinsam nach, mit jemandem bei der Arbeit, aus der Familie, im Freundeskreis oder in der Nachbarschaft oder an einem anderen Ort, an dem Sie viel Zeit verbringen.

Ein junger Mann kam auf seinem Arbeitsweg immer bei einer Baustelle vorbei. Er entschied sich, den Arbeiterinnen und Arbeitern einmal die Woche Donuts vorbeizubringen und ihnen so christliche Liebe weiterzugeben. Die ersten paar

Male lief das gut. Aber er hörte wieder auf, weil es ihm zu schwer war, dies jede Woche allein durchzuziehen, ohne einen Freund an seiner Seite. Er brauchte jemanden mit derselben Vision, sodass sie einander unterstützen, helfen und motivieren konnten.

Christus allein nachzufolgen ist schwer. Deshalb sandte Jesus seine Jüngerinnen und Jünger in Lukas 10,1 paarweise aus. Suchen Sie sich also einen Freund, eine Freundin und bitten Sie Gott um Hilfe. Hier einige Vorschläge, wen Sie fragen könnten:

- Ihren (Ehe-)Partner, Ihre (Ehe-)Partnerin.
- Jemanden, der sich selbst nicht als Leiter oder Leiterin sehen würde.
- Jemanden, der nicht in die Kirche geht, aber offen für Ihre geistliche Vision ist, die Sie mit ihrer Initiative verbinden.
- Jemanden, der Ihre Leidenschaft nicht teilt, aber Sie trotzdem unterstützt. Zum Beispiel mag er oder sie Sport nicht so, aber kann die Essensorganisation übernehmen, damit die Gruppe nach dem Sport etwas essen kann.
- Jemanden, der nicht Teil der Initiative sein möchte, aber für Sie betet. Treffen Sie sich mit dieser Person, bis Sie jemand finden, der Sie auch praktisch unterstützt.

2. Werden Sie zu einer Community

Auch wenn Sie nur zu zweit sind, können Sie Gemeinschaft leben. Freundschaften werden zu Gemeinschaften, wenn die Beziehung mindestens so wichtig ist wie die Aufgabe. Eine Freundin, ein Freund tut Ihnen einen Gefallen, passt auf Sie auf, geht die Extrameile. Mehrere Menschen werden zur *Community*, wenn sie alle miteinander verbunden sind und nicht nur der Gruppenleitung Bericht erstatten. Bei einem Team ist die Leitung die Ansprechperson und trifft die Entscheidungen (hoffentlich nach Beratung mit dem Team). Bei einer *Community* spielt die Leitung eine wichtige Rolle, ist aber nicht das Zentrum der Gruppe. Die Mitglieder der *Community* erstatten hauptsächlich einander Bericht. Entscheidungen werden gemeinsam getroffen.

Damit Ihre *Community* wächst, können Sie sich bei jedem Treffen austauschen. Die Gruppenmitglieder werden einander besser verstehen, wenn sie zum Beispiel über die größte Herausforderung und das größte Highlight seit dem letzten Treffen sprechen oder darüber, wo Gott seit dem letzten Treffen gewirkt hat.

3. Folgen sie dem Motto Speise, Spaß, Sendung

Um das Wachstum einer *Community* zu unterstützen, hilft es, Leben miteinander zu teilen.

- *Speise* – man muss nicht bei jedem Treffen gemeinsam essen. Essen Sie jedoch genug oft miteinander, damit Sie sich kennenlernen und gemeinsam Spaß haben können.
- *Spaß* – Filmabende, Tagesausflüge usw.
- *Sendung* – wozu beruft uns Gott?

Zuerst gute Erfahrungen

Beginnen Sie nicht damit, den Zweck und die Werte der Gruppe zu erörtern. Wenn zu früh über diese Themen gesprochen wird, kann dies zu fruchtlosen Diskussionen führen. Verschiedene Persönlichkeiten, Erfahrungen und Erwartungen können einer gemeinsamen Vision im Weg stehen. Oder einige Mitglieder fügen sich der Gruppe zwar zu Beginn, sind aber nicht mit ihrem Herzen dabei und verlieren die Lust, sich zu engagieren, oder verlassen die Gruppe, wenn es schwierig wird. Deshalb ist es hilfreich, vor *Focus* genug *Fun* zu haben.

Das Team trifft sich, weil es eine gemeinsame Vision hat. Bevor diese Vision genauer besprochen wird, ist es für die Gemeinschaftsbildung jedoch hilfreich, etwas Schönes miteinander zu erleben. Essen Sie gemeinsam und unternehmen Sie Aktivitäten, um Freundschaften aufzubauen. Gute Beziehungen werden Ihnen helfen, Ziele und Werte ehrlich zu besprechen. Wenn in Ihrer Gruppe die Freundschaften bereits existieren, ist das schon die halbe Miete.

Seien Sie während der ersten Phase, in der sie einfach eine gute Zeit miteinander haben, nicht frustriert, dass die eigentliche Aufgabe der Gruppe vernachlässigt wird. Entdecken Sie Ihre gemeinsamen Ziele im Rahmen dieser gemeinsamen Quality-Time, zum Beispiel während einer gemeinsamen Mahlzeit. Führen Sie während des Essens ehrliche Gespräche über die folgenden Themen:

- *Ihr Ziel.* Was erhoffen Sie sich zu erreichen?
- *Ihre Rollen.* Was kann jede Person beitragen?
- *Ihre Zeit.* Was ist realistisch?

Eine oder zwei Personen kommen vielleicht nach diesem Austausch zu dem Schluss, dass diese Initiative nichts für sie ist. Seien Sie nicht verzweifelt. Es ist besser, wenn diese Personen bereits jetzt das Team verlassen, als erst dann, wenn Sie Ihre Hilfe dringend brauchen. Ein kleiner, stark engagierter Kern der Gruppe ist fruchtbarer als ein größeres, weniger engagiertes Team.

4. Der Zeitfaktor

Stellen Sie sich folgende Situation vor: Das christliche Kernteam geht jede Woche in den Gottesdienst Ihrer Muttergemeinde. Zweimal im Monat trifft sich das Team zu *Speise, Spaß, Sendung*. Und zweimal im Monat organisiert es Einsätze für Menschen außerhalb der Kirche. Diese Treffen werden größer und die Teammitglieder treffen sich mit einigen Teilnehmenden auch neben den Treffen, um Freundschaften zu stärken und ihnen Seelsorge anzubieten. Einige Teilnehmende möchten mehr über Christus erfahren, also organisiert das Team ein weiteres Treffen pro Monat. Das ist zu viel! Ihr Kernteam wird nicht für alles Zeit haben und Sie könnten ausbrennen.

Es müssen also schwere Entscheidungen getroffen werden. Suchen Sie sich einen Rhythmus, den Sie durchhalten können, auch wenn das heißt, dass Sie einige Ihrer anderen Verpflichtungen aufgeben müssen. Hier einige Möglichkeiten:

Nutzen Sie Ihre Zeit effizient: Sie könnten die Planung und Organisation über WhatsApp erledigen, wie das bei einigen anderen Teams üblich ist. Oder das Kernteam könnte sich nach dem Einsatz für 10 Minuten treffen, um sich kurz auszutauschen: Was ging gut? Wer macht das nächste Mal was? Oder Sie könnten eine kurze Austauschrunde haben und dann Gebetsanliegen per WhatsApp teilen.

Treffen Sie sich zweimal im Monat für Planung und Ausrichtung auf Gott und nehmen Sie an den anderen Sonntagen am Gottesdienst teil. (Es ist wichtig, dass Sie mit der Muttergemeinde verbunden bleiben.) Die Planungssitzungen könnten für Sie in der jeweiligen Woche zum „Gottesdienst“ werden. Folgend ein möglicher Ablauf für ein solches Treffen:

- Zeit des Ankommens.
- Gemeinsam essen (irgendwann muss man ja essen). Alle nehmen so viel mit, wie sie selbst essen, dann wird geteilt. So muss nicht eine(r) für alle kochen.
- Lesen und besprechen Sie 15 Minuten lang eine Geschichte aus der Bibel. Dazu können Sie einen der Ansätze aus dem nächsten Kapitel nutzen. Mit dem Ansatz *Bible Talk* betrachten Sie zum Beispiel dieselbe Stelle während vier Treffen und besprechen jeweils eine Frage pro Treffen.
- Beten Sie anhand eines der Vorschläge, die im nächsten Kapitel ausgeführt werden.

- Besprechen Sie das letzte Treffen Ihrer Initiative und planen Sie das nächste Treffen.
- Schließen Sie mit Gebet ab.

Im nächsten Kapitel finden Sie mehr dazu.

Vorteile dieser Möglichkeiten

Sie sparen Zeit. Einmal die Woche Gottesdienst und Planung, vielleicht einmal die Woche Einsatz.

Sie machen es Jesus nach. Während des letzten Mahles verband er Planung und Ausrichtung auf Gott. Während des Pessach erzählte er von seinem Plan, die Jünger nach seiner Auferstehung in Galiläa zu treffen (Markus 14,28). Auch Sie können Planung und Gottesdienst verbinden.

Sie schaffen so einen sicheren Ort für Menschen, die geistlich oder spirituell auf der Suche sind, weil Sie sie zu diesen Treffen einladen können. Die Vorschläge für Gebet und Bibellektüre im nächsten Kapitel sind dazu gedacht, nicht nur Sie anzusprechen, sondern auch Menschen, die am Anfang ihrer Reise mit Christus stehen. Wenn Sie Teilnehmende aus Ihrer Initiative mit einbeziehen, wird das Team zu einer neuen *christlichen Community* heranwachsen, die Ihrer Initiative dient.

5. Willkommen Meinungsverschiedenheit

Konflikte können als *Chance* gesehen werden, um von anderen Betrachtungsweisen zu lernen. Außerdem wird damit ein *Zeichen* gesetzt, dass einzelne Personen Platz haben: Ihre Meinung wird nicht ignoriert oder unterdrückt. Konflikte sind auch Symbol von ehrlichem Austausch, da die Beziehungen tiefer werden, wenn verschiedene Meinungen ehrlich geäußert werden. Schließlich ist jede Meinungsverschiedenheit auch ein *Training* in Konfliktbewältigung. Die Mitglieder können lernen, wie man mit Auseinandersetzungen umgehen kann und wie sie dies auf ihre anderen Beziehungen anwenden können.

Wenn eine Diskussion zu emotional wird und eine angespannte Atmosphäre entsteht, ist es hilfreich, einige Zeit still für sich zu beten. Die Teilnehmenden können sich in dieser Stille fragen, was Christus in dieser Situation sagen würde. Stille beruhigt die Emotionen und hilft den Mitgliedern, ihr Inneres zu spüren. Stille ermutigt Menschen, offener für andere Ansichten zu werden, und gibt dem Heiligen Geist Raum zu sprechen. Fragen Sie die Teilnehmenden nach der Zeit der Stille, ob sie etwas mit der Gruppe teilen möchten. Dann kann eine weitere Zeit der Stille folgen. Fragen Sie sich in dieser Zeit, wo Sie bei den anderen Mitgliedern Gottes Liebe gespürt haben. Zum Beispiel in einem Gesichtsausdruck, bei einer Person, die sich nach vorne beugte, um zuzuhören, in einem Tonfall oder in dem, was tatsächlich gesagt wurde. Auch hier kann ein Austausch hilfreich sein. Fragen Sie sich danach: „Was machen wir nun?“ Vielleicht muss das Thema ein anderes Mal wieder angesprochen werden.

Zum weiteren Austausch

Lektüre

Lesen Sie Matthäus 18,21-35 (das Gleichnis vom unbarmherzigen Knecht).

- Stellen Sie sich eine ähnliche Geschichte in Ihrem Team vor. Wie würde das aussehen?

- Schreiben Sie sich auf, was zum Vergebungsprozess gehört.
- Wie könnten Sie einander ermutigen, sich in dieser „heiligen Gewohnheit“ der Vergebung zu üben?

Reflexion

Welche anderen „heiligen Gewohnheiten“ möchten Sie in Ihrem Team einführen? Vielleicht kann ein Teammitglied dafür verantwortlich sein, die Einübung dieser Gewohnheiten zu fördern. Vielleicht könnte jemand von außen Ihr Teammentor sein. Oder ein Hilfsmittel, wie zum Beispiel die englische Website *taketime.org.uk* (die Sie sich automatisch übersetzen lassen können), könnte Ihnen helfen, auf Gott zu hören.

Austausch

Laden Sie die Teammitglieder dazu ein, ihre besten Teamerfahrungen zu teilen.

- Was können Sie aus diesem Austausch lernen?
- Wie könnten Sie das Gelernte in Ihre Teamkultur einbauen?

Recherche

Bitten Sie ein Teammitglied, nach Folgendem zu suchen:

- jemand, der gut in Teambildung ist und darin, heilsame Strukturen und Beziehungen aufzubauen, und von seiner oder ihrer Erfahrung erzählen könnte, oder
- ein hilfreiches YouTube-Video oder
- ein Blog oder Buchkapitel, das man besprechen könnte.

4. Eine großartige geistliche Erfahrung machen

Sich neu auf Gott einlassen

Gemeinsam auf Menschen Ihrer Zielgruppe zu hören, praktische Wege zu finden, diesen zu dienen und mit ihnen eine *Community* zu bilden, kann zu einer Ihrer besten geistlichen Erfahrungen werden. Es ist die beste Art, wie Sie im Glauben wachsen können.

Die 2022 ausgewertete *Fruitfulness-Framework*-Umfrage der Church of England (im Kapitel 2 bereits erwähnt) befragte 218 Personen in 19 neuen christlichen *Communities*, von denen die meisten regelmäßig in die Kirche gingen. Sie wurden über ihre Beziehung zu Gott, zu anderen Christinnen und Christen und zur Welt befragt und darüber, was sie über sich selbst denken. Bei den Befragten wurde in der Zeitspanne von der Gründung bzw. dem Beitritt bis zum Zeitpunkt der Umfrage ein außerordentliches geistliches Wachstum festgestellt.

Einige Beispiele:

- Als die Befragten begannen, sich in der neuen *christlichen Community* zu treffen, fühlten sich pro Monat 48% „fast immer" oder „immer" geistlich lebendig. Zum Zeitpunkt der Umfrage waren es 84%.
- Der Aussage, Kirche sei ein sicherer Ort für Fragen und Zweifel, stimmten zum Zeitpunkt des Beitritts 22% zu. Dieser Anteil stieg beinahe auf das Dreifache, auf 63%.
- Bei regelmäßigen, bedeutungsvollen Gesprächen mit anderen Gemeindemitgliedern stieg der Anteil von 52% auf 87%.
- Als die Befragten den *Communities* beitraten, fühlten sich 28% „fast immer" bereit, anderen zu helfen. Diese Zahl verdoppelte sich fast beim Zeitpunkt der Umfrage (54%).
- Der Anteil der Befragten, die Frieden spürten, stieg von 50% auf 87%, der Anteil der Personen, die sich wertvoll fühlten, von 49% auf 84%.

- Über vier Fünftel der Befragten berichteten, dass die neue *Community* ihre Beziehung zu Gott verbessert hatte.

Wenn Sie dasselbe erleben möchten, ist es wichtig, in Ihrem Team einen gesunden geistlichen Rhythmus zu pflegen. Denken Sie daran: Ein Team kann auch nur aus zwei Personen bestehen.

Die im Folgenden erwähnten Vorschläge müssen Sie nicht alle und nicht genauso umsetzen. Nehmen Sie sich Hilfreiches heraus, die restlichen Vorschläge können Sie ignorieren. Wichtig ist, dass Gott im Zentrum steht. Und reisen Sie mit leichtem Gepäck.

1. Möglichst simple Wochenplanung

Wenn Sie wenig Zeit haben, gehen Sie nicht jede Woche zum Gottesdienst. Besuchen Sie den Gottesdienst nur alle zwei Wochen und treffen Sie sich in den anderen Wochen im Team für Planung und Ausrichtung auf Gott. Diese Sitzungen können in diesen Wochen Ihren Gottesdienst ersetzen. Und trotzdem besuchen Sie immer noch Ihre Muttergemeinde. Dies ist aus den folgenden Gründen sinnvoll:

- Christus verspricht, mitten unter uns zu sein, wo zwei oder drei sich in seinem Namen versammeln (Matthäus 18,20). Fühlen Sie sich also nicht schuldig, wenn Sie nicht im Gottesdienst sind. Sie *sind* in einem Gottesdienst – in einem anderen Gottesdienst.
- Es kann Ihre Verbundenheit mit Ihrer Muttergemeinde stärken. Wenn Sie deren Gottesdienst nur noch ein- oder zweimal im Monat besuchen, wird das etwas Besonderes, auf das Sie sich freuen.
- Ihr Glaube erhält neue Energie, wenn Sie auf neue Arten und Weisen beten und die Bibel lesen.
- Die Zeit, die Sie für die Planung nutzen, wird fruchtbarer sein, weil sie durch Gebet und Bibellektüre gestützt ist. Wie im letzten Kapitel erwähnt, verband Jesus während des letzten Abendmahls zusammen mit seinen Jüngern Planung und Gottesdienst.

- Sie müssen sich nicht mehr abmühen, Gottesdienst am Sonntag und zusätzliche Treffen unter einen Hut zu bringen.

Und was ganz wichtig ist: Sie bilden den Kern einer potenziellen neuen Gottesdienstgemeinschaft. Zuerst *hört* das Team *auf Gott und die Welt*, sucht einen Weg, wie andere Menschen praktisch *geliebt* werden können (*Organised Love)*, pflegt mit ihnen *Gemeinschaft* und *teilt den Glauben* an Christus. Dann hofft und betet das Team, dass einige Teilnehmende Christus besser kennenlernen möchten. Dies kann zum Beispiel durch Teilnehmen an den Teamtreffen geschehen. Sie erleben Gemeinschaft, Planung, Gebet und Bibellektüre. Wenn sie regelmäßig an diesen Treffen dabei sind, werden sie zu einem Teil des Teams. Immer mehr Menschen werden die Treffen besuchen. So entsteht um Ihr Kernteam herum eine neue *Gottesdienstgemeinschaft*. Es ist also wichtig, von Beginn an im Team eine lebendige Spiritualität zu leben, sodass andere Teil davon werden können.

Sie können sich vor oder nach der gemeinsamen Aktion treffen, wenn das ganze Team beisammen ist. Oder gemeinsam zum Essen treffen (das müssen Sie ja sowieso). Sie könnten sich auch über Zoom austauschen, oder einmal im Monat ein längeres Treffen abhalten und zusätzlich nach jedem Einsatz einen 10-minütigen Rückblick haben. (Wofür können wir Gott danken? Wer macht das nächste Mal was?)

So einfach können Sie Ihre Sitzung gestalten:

- *Ankommen und Gebet* (10 Minuten)
- *Bibellektüre* (10 Minuten)
- *Rückblick* letztes Treffen und Planung nächstes Treffen (20 Minuten)
- *abschließendes Gebet* (5 Minuten)

So dauern Ihre Sitzungen insgesamt 45 Minuten. Sie können die Treffen sogar mit einem Timer durchführen. Glauben Sie nicht, dass das möglich ist? Lesen Sie weiter und behalten Sie im Hinterkopf, dass folgende Ideen Ihre Fantasie anregen sollen. Sie müssen nicht eins zu eins kopiert werden.

2. Ankommen und Gebet (10 Minuten)

Nachdem Sie alle da sind, kann ein Gegenstand helfen, sich für etwa 3–5 Minuten der Gegenwart Gottes bewusst zu werden. Es eignen sich zum Beispiel eine Kerze, ein Kreuz, eine Wasserschüssel (Was macht Gott mit Wasser?), ein Stück Brot (Wer braucht geistliche Nahrung?), ein religiöses (oder sonstiges) Bild oder ein gemeinsames Rosenkranzgebet, falls das zu Ihrer Tradition gehört.

Laden Sie den Heiligen Geist durch Stille, mit christlicher Musik oder einem spezifischen Duft ein. (In Offenbarung 5,8 werden Gebete mit Weihrauch verglichen. Düfte haben eine lange Tradition in Gottesdiensten.)

Kommen Sie gemeinsam in Stille vor Gott und fragen Sie sich:

- Wo habe ich Gottes Wirken seit unserem letzten Treffen erlebt?
- Welche Hoffnungen oder Enttäuschungen bringe ich zu diesem Treffen mit?
- Was möchte ich den anderen gerne mitteilen, wenn wir beginnen?

Danach können Sie Ihre Gedanken austauschen, jede Person spricht eine Minute.

3. Bibellektüre – einige Vorschläge (10 Minuten)

Bible Talk

Lesen Sie langsam ein Gleichnis oder eine Geschichte über Jesus aus den Evangelien. Lesen Sie denselben Text über vier Treffen hinweg. Bei jedem Treffen fassen Sie zuerst zusammen, was die vorherigen Male besprochen wurde, und diskutieren danach eine der folgenden Fragen:

- Wie wäre die Geschichte, wenn sie heute passieren würde?
- Was sagt mir die Geschichte? Was zeigt sie mir auf?
- Könnte die Geschichte etwas in meinem Leben verändern? Wenn ja, was?
- Im Treffen danach: Hat die Geschichte mein Leben verändert? Wenn ja, wie?

Deep Talk

Bei jedem Treffen können Sie sich auch eine der folgenden Fragen stellen:

- Was ist meine Lieblingsstelle der Geschichte?
- Was ist vermutlich die wichtigste Stelle der Geschichte?
- Wo sehe ich mich in der Geschichte?
- Möchte ich irgendetwas an dieser Geschichte ändern?

Lectio Divina (abbeißen, kauen, genießen, verdauen)

Die *Lectio Divina* ist eine Methode der Bibellektüre, die in der christlichen Tradition langjährig verwurzelt ist. Auch hier können Sie über mehrere Treffen bei derselben Stelle verbleiben. Stellen Sie sich bei jedem Treffen die folgenden Fragen:

- Welches Wort, welcher Satz, welches Bild in dieser Geschichte spricht Sie heute am meisten an (*abbeißen*)?
- Bleiben Sie in Gedanken oder im Gespräch bei Ihrem Wort, Satz oder Bild. Was kommt Ihnen weiter in den Sinn (*kauen*)?
- Fragen Sie sich im Gebet, warum Sie genau davon besonders angesprochen wurden (*genießen*).
- Was könnte das Wort, der Satz, das Bild in Ihrem Leben bewirken (*verdauen*)?

Reich-Gottes-Fragen

Bearbeiten Sie dieselbe Stelle wieder über mehrere Treffen hinweg und stellen Sie eine Frage pro Treffen:

- Was sagt uns die Stelle darüber, wie wir Christus ähnlicher werden können?
- Wo sehen wir Zeichen dieser Christusähnlichkeit um uns herum?
- Wie können wir einzeln und als Gruppe Christus ähnlicher werden?
- Im Treffen danach: Was haben wir verändert und was sind die Ergebnisse?

ABCD: Art, Bible, Contemplation, Discussion (Kunst, Bibel, Reflexion, Diskussion)

- Art (Kunst): Schauen Sie sich ein Bild über eine Geschichte aus der Bibel an.
- Bible (Bibel): Lesen Sie die dazugehörige Geschichte langsam.
- Contemplation (Reflexion): Was sagen mir das Bild und die Geschichte?
- Discussion (Diskussion): Tauschen Sie Ihre Gedanken aus.

Eine solche Bibellektüre ermöglicht Ihnen vier Treffen mit derselben Stelle. Gottes Geist kann so in Ihr Leben einziehen und Sie verändern. Diese Vorschläge eignen sich gut für Zeiten der Bibellektüre mit Personen, die geistlich auf der Suche sind oder mehr über Christus erfahren möchten und zu Ihrem Team dazustoßen. Die Fragen setzen kein christliches oder biblisches Wissen voraus. Und es gibt keine richtigen oder falschen Antworten. Alle können Teil davon sein. Mehr dazu finden Sie in Kapitel 14.

Die erwähnten Vorschläge ermöglichen es, innerhalb des Teams mehr in die Tiefe zu gehen, als das in einem normalen Gottesdienst möglich ist. Außerdem bieten Ihnen die verschiedenen Ansätze genug Abwechslung. Beginnen Sie mit einem Vorschlag und versuchen Sie dann einen anderen. Oder erfinden Sie eine eigene Art der Bibellektüre. Mit solchen Methoden müssen Sie beinahe nichts vorbereiten. Die Fragen, die Sie besprechen werden, wissen Sie bereits und müssen nur noch für jedes vierte Treffen eine neue Bibelstelle auswählen.

4. Rückblick und Planung (20 Minuten)

Gestalten Sie diesen Teil so simpel wie möglich, z. B. mit diesen drei Fragen:

- Haben wir umgesetzt, was wir bei unserem letzten Treffen geplant haben?
- Was haben wir seit unserem letzten Treffen festgestellt?

- Was gibt es vor unserem nächsten Treffen zu tun (machen Sie sich Notizen)?

Es empfiehlt sich, zwei oder drei Male im Jahr ein längeres Treffen zu vereinbaren, bei dem Sie zum Beispiel die folgenden Fragen bearbeiten können:
- Wo stehen wir bei der *Missional Journey* (siehe Kapitel 1.4)?
- *Was könnten wir als Nächstes tun?* Hier einige Vorschläge:
    - Einen früheren Schritt wählen („vielleicht sollten wir noch mehr *auf Gott und die Welt hören*, damit wir verstehen, warum weniger Personen teilnehmen")?
    - Beim jetzigen Schritt bleiben und diesen verbessern?
    - Den nächsten Schritt in Angriff nehmen?
    - Unsere bereits begonnenen Bemühungen, den nächsten Schritt zu gehen, vertiefen?
    - Einen ganz anderen Schritt auf der *Missional Journey* in Angriff nehmen?
    - Einen Schritt gehen, der in dem Entwurf der *Missional Journey* in Kapitel 1.4 gar nicht genannt ist?

Anschließend besprechen Sie gemeinsam, wie das konkreter aussehen könnte.
- *Was werden wir als Nächstes tun? Wer macht was bis wann?*

Fragen Sie sich während der Planung immer wieder: Was lernen wir gerade? Nicht umsonst werden die Jüngerinnen und Jünger im Englischen „disciples" genannt. Dieser Begriff lässt sich vom lateinischen Wort für „lernen" ableiten.

5. Abschließendes Gebet (5 Minuten)

Hier einige Vorschläge für den Abschluss:

- Jede Person nimmt sich mit Gottes Hilfe eine Aufgabe für die Zeit bis zum nächsten Treffen vor. Sie können zum Beispiel täglich für eine bestimmte Person oder Situation beten oder etwas Bestimmtes tun.
- Tauschen Sie den *Friedensgruß* aus.
- Beten Sie das *Vaterunser.*[6]
- Beten Sie die Stelle aus *1. Korinther 13,13.*
- Jemand spricht ein *Segensgebet.*
- Eine Kombination der Vorschläge.

Dies sollte nicht das Ende sein. Leben Sie Gottesdienst auch in den sozialen Medien. „Ermutigt einander Tag für Tag" (Hebräer 3,13) – mit Gebetsanliegen, Gebetserhörungen und Orten, an denen Sie Gottes Wirken erlebt haben.

---

[6] Anm. d. Übers.: siehe Matthäus 6,9-13.

6. Geistliche Unterstützung

Es wäre ein großer Fehler, wenn Sie und Ihre Freunde oder Freundinnen alles allein durchziehen würden. Damit ein Stuhl nicht umfällt, braucht er mindestens drei Beine. Der Stuhl des Teams benötigt folgende drei Beine, um geistlich aufrecht zu stehen.

1. *Verantwortlichkeit.* Wenn das Team im Namen Ihrer Ortsgemeinde handelt, sollte sich die Teamleitung regelmäßig mit einem Glied der Gemeindeleitung treffen (das muss nicht oft sein). Wenn Ihre Initiative eigenständig ist, treffen Sie sich mit einem weisen und erfahrenen Christen oder einer Christin. In den Bereich der Verantwortlichkeit gehört auch der Schutz vor sexuellen Übergriffen und geistlichem Missbrauch sowie Einhaltung von Sicherheits-, Datenschutz- und anderen Richtlinien.
2. *Unterstützung durch Gebet.* Schicken Sie den Personen, die für Sie beten, regelmäßige Updates Ihrer Gebetsanliegen (z. B. was Sie an Ihrer Sitzung besprochen haben). Sie können enge Freunde oder eine Kleingruppe Ihrer Muttergemeinde anfragen (die Sie „adoptieren" könnte). Sie könnten Ihre Muttergemeinde bitten, während des Gottesdienstes für Sie zu beten, oder eine geistliche *Community* in der Nähe um Unterstützung im Gebet bitten.
3. *Mentor, Mentorin oder Coach.* Diese Person sollte Erfahrung mit der Gründung neuer christlicher *Communities* oder mit Teamdynamik oder (idealerweise) mit beidem haben. Treffen Sie sich als ganzes Team oder als Teamleitung mindestens einmal im Jahr mit Ihrem Mentor, Ihrer Mentorin.

Ein Teammitglied könnte für das geistliche Leben Ihres Teams verantwortlich sein. Das muss nicht die Leitung sein. Diese Person könnte sich um die Ausrichtung des Teams auf Gott, die Bibellektüre und das geistliche Leben zwischen den Treffen kümmern. Sie könnte Sie daran erinnern, bei wichtigen Momenten während der Planung zu beten.

Zum weiteren Austausch

Rückblick

Lesen Sie die Abschnitte Ankommen und Gebet, Bibellektüre und Abschließendes Gebet nochmals durch.

- Welche Ansätze funktionieren für Ihr Team am besten? Was würden Sie noch anpassen?
- Wann setzen Sie die Ansätze um?

Lektüre

Wählen Sie eine Geschichte über Jesus oder eine, die er erzählt hat. Gehen Sie anhand einer der obigen Vorschläge durch die Geschichte durch und besprechen Sie diese Erfahrung:

- Hat Ihnen dieser Ansatz gefallen?
- Was sind die Stärken und Schwächen dieses Ansatzes?
- Können Sie sich vorstellen, anhand dieses Ansatzes die Bibel mit Personen zu lesen, die den christlichen Glauben entdecken? Wie könnten Sie den Ansatz entsprechend anpassen?

Challenge

Laden Sie sich die Fragen der *Fruitfulness Framework*-Studie herunter.[7] Jedes Teammitglied beantwortet die Fragen der Umfrage mit Bezug auf die jetzige Situation. Aufgrund der Antworten setzt sich jede Person Prioritäten für ihr geistliches Leben und teilt diese (falls angemessen) mit anderen Teammitgliedern. Wäre es hilfreich, diese Übung nach ein, zwei Jahren nochmals durchzuführen?

---

[7] Siehe S. 236

5. Wie wird die Initiative nachhaltig?

Eine widerstandsfähige Initiative

Ich werde oft gefragt, wie eine Initiative langfristig bestehen kann. Die Antwort ist, von Anfang an bewusst und mit Absicht zu handeln.

- Beginnen Sie mit dem Ziel.
- Unterstützen Sie Ihre Muttergemeinde.
- Säen Sie einen Samen.
- Achten Sie auf potenzielle Leiter und Leiterinnen (und Helfer, Helferinnen).
- Gestalten Sie alles möglichst einfach.
- Nutzen Sie Ihre Zeit effizient.
- Schonen Sie Ihre Gesundheit.
- Machen Sie, was Ihnen Freude bereitet.

Im folgenden Kapitel finden Sie mehr Details dazu.

1. Beginnen Sie mit dem Ziel

Für eine nachhaltige Initiative lohnt es sich, das Ziel von Beginn an im Blick zu haben. Erinnern Sie sich an die *Missional Journey*? Diese kann Sie auf dem Weg zu Ihrem Ziel begleiten. Natürlich werden Sie Ihren eigenen Weg in Ihrer eigenen Geschwindigkeit gehen, und vielleicht kommen Sie auch nicht ans Ziel. Aber das Ziel vor Augen zu haben, wird Ihnen helfen.

Diese Erfahrung machte die St. Laurence-Kirche in Reading (England). Die Gemeinde fokussierte sich auf die Jugend (siehe Kapitel 13). Viele neue Initiativen wurden organisiert, die jedoch zu wenig auf das Ziel, neue Gottesdienstgemeinschaften zu gründen, zugingen. Also skizzierte die Leitung ihr Ziel sowie den Weg dorthin und konzentrierte sich darauf. Bei jeder Entscheidung fragte sie sich: „Bringt uns das näher zu unserem Ziel?“

Das Ziel vor Augen gibt Ihnen neue Energie und hilft Ihnen, weise zu planen. Wir Menschen werden durch ein Ziel motiviert, das wir erreichen möchten. Wenn sich Ihre *Community* weiterentwickelt, fragen Sie sich: „Wie kann dieser Schritt die Tür für den nächsten Schritt öffnen?“ Erwähnen Sie zum Beispiel schon von Anfang an in Ihrer Werbung, dass Sie eine christliche Gruppe oder aus einer Ortsgemeinde sind. So sind die Teilnehmenden nicht überrascht, wenn sie später zu einer religiösen Veranstaltung eingeladen werden.

Achtung!

Sehen Sie die einzelnen Schritte der Missional Journey nicht lediglich als Trittbrett für den nächsten Schritt. *Auf Gott und die Welt hören, Lieben & handeln, Eine Community entsteht* und die restlichen Schritte haben alle ihren Eigenwert. Sehen Sie diese also nicht einfach als Mittel zum Zweck und schätzen Sie jeden Schritt. So kann ein Schritt den Weg für den nächsten bereiten.

Seien Sie nicht enttäuscht, wenn Ihre Initiative nicht die ganze Reise durchläuft. Die Reise muss nicht ein bestimmtes Ziel erreichen. Lassen Sie sich vom Geist so weit tragen, wie er will. Paulus' Plan war es, das Evangelium auch in Spanien zu predigen (Römer 15,24), er kam aber nur bis nach Rom. Schließen Sie nicht aus, dass Gott etwas anderes für Sie vorhat, denn er hält immer Überraschungen bereit!

Fixieren Sie sich nicht zu sehr auf Ihre Vorstellung von den nächsten Schritten. Sie können die Anregungen von *Start-up:Kirche* aufnehmen und umsetzen, wenn die Zeit dafür gekommen ist. Vielleicht können Sie sich im Moment gar nicht vorstellen, jemals jemandem von Ihrem Glauben an Christus zu erzählen. Keine Angst. Lesen Sie dazu Kapitel 12–14, wenn Sie bereit sind. Im richtigen Moment werden Sie das Gefühl haben: „Ja, das kann ich." Und das wird das Zeichen Gottes sein.

2. Unterstützen Sie Ihre Muttergemeinde

Dies kommt vielleicht überraschend. Sollte nicht die Muttergemeinde eher Sie unterstützen? Hoffentlich wird sie das. Aber Sie brauchen eine Vision für Ihr Ziel. Und diese Vision wird wahrscheinlich sein, eine neue *christliche Community* zu gründen, die mit der Muttergemeinde verbunden ist.

Ein Pfarrer beschrieb seine erfolgreiche Dinner-Church mit Erwerbslosen wie folgt: „Das Problem ist der Rest der Gemeinde, die unseren Mittagstisch finanziell unterstützt. Sie denken, dass es ihnen nichts bringt und sie nichts zurückbekommen."

Sie denken jetzt vielleicht, das sei keine gute Haltung der Muttergemeinde. Aber die Gottesdienstgemeinde hatte keine Vision, dass die Dinner-Church eine neue Gottesdienstgemeinschaft neben der existierenden werden könnte, die selbst mit Gebet, Freiwilligen und finanziellen Beiträgen beiden Gruppen dienen könnte. Wenn Sie möchten, dass andere Gemeindeglieder Sie unterstützen, ist es wichtig, dass Sie ihnen die Vision zeigen, dass die neue *christliche Community* und die Muttergemeinde einander unterstützen können.

Erklären Sie ihnen, warum es wichtig ist, miteinander verbunden zu sein. Wenn Menschen durch Ihre Initiative zum Glauben kommen, brauchen sie aus den folgenden Gründen eine Muttergemeinde:

Die Muttergemeinde kann eine Alternative sein, wenn die *Community* sich auflöst. Die Verbundenheit zur weiteren Kirche kann Menschen eine alternative geistliche Heimat bieten, falls diese benötigt wird.

In der Muttergemeinde können Gottesdienst, Anbetung, Lehre und Jüngerschaft in einem anderen und vielleicht größeren Rahmen erlebt werden. Eine einzelne *christliche Community*, welcher Größe auch immer, kann nicht die ganze Breite der christlichen Spiritualität abdecken.

Die Muttergemeinde bietet Möglichkeiten, zu geben und zu nehmen. Zum Beispiel könnte jemand aus der neuen *Community* die Website der Gemeinde betreuen, jemand könnte Trauerbesuche abstatten oder die Gemeinde mit regelmäßigen finanziellen Beiträgen unterstützen.

Eine neu zum Glauben gekommene Christin und Teilnehmerin der Gruppe Knit and Natter im Nordwesten Englands nahm jeweils dienstags an Treffen ihrer Community teil und montags sowie freitags an Treffen einer herkömmlichen Gemeinde. Könnte man sich so bei einer existierenden Gemeinde investieren?

Im Nordosten Englands begann eine Alpha-Gruppe ihre Muttergemeinde finanziell zu unterstützen. Das ist natürlich Musik in den Ohren jedes Kirchenkassierers oder jeder Budgetverantwortlichen.

Erklären Sie Ihrer Muttergemeinde, wie die Verbindung aussehen könnte. Einige Beispiele:

- Einige Anlässe könnten die Muttergemeinde und die neuen *Communities* gemeinsam durchführen.

- Neu zum Glauben Gekommene und christlich Aufgewachsene können sich verbinden und gemeinsame Interessen finden, zusammen in der Bibel lesen oder einen Event für Personen außerhalb der Kirche organisieren.
- Einige könnten sowohl an den Gottesdiensten der neuen *Community* als auch an denen der Muttergemeinde teilnehmen.
- Die Leitung einer neuen *Community* kann sich mit der Gemeindeleitung treffen, um gemeinsam zu lernen, sich zu ermutigen und gegenseitig Verantwortlichkeit zu zeigen.

Es funktioniert in etwa ähnlich wie die Dreieinigkeit, in der alle drei Personen in einem Gott vereint sind. Eine Ortsgemeinde kann aus mehreren Gruppen, *Communities* oder Gottesdienstgemeinden bestehen, die alle durch *Mixed Ecology* verbunden sind.

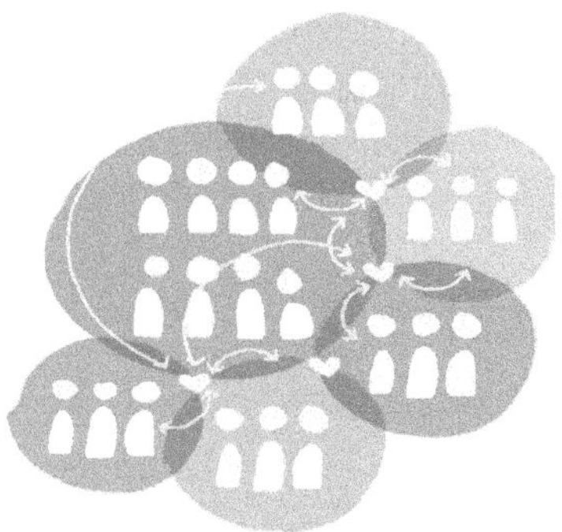

Setzen Sie die Vision jetzt in die Realität um. Falls angemessen, verteilen Sie allen Teilnehmenden Ihrer *Community* den Gemeindebrief, die Gebetsanliegen oder sonstige Informationen Ihrer Muttergemeinde. Sie können zum Beispiel ein paar der Blätter auf den Tischen liegen lassen. (Falls es in Ihrer Gemeinde keinen Gemeindebrief mehr gibt, schlage ich Ihnen vor, ihn genau aus diesem Grund wieder einzuführen. Sehen Sie zu, dass Ihre Initiative oder *Community* dort aufgelistet sind. So wird Ihre Muttergemeinde daran erinnert, dass es Ihre Initiative gibt.)

Erwarten Sie nicht zu viel. Gemeindebriefe werden oft ignoriert, aber nicht von allen. Wenn die Teilnehmenden Ihrer *Community* ihn kurz überfliegen, sehen sie, dass sie zu einem größeren Ganzen gehören. Seien Sie geduldig. Eines Tages sagt vielleicht jemand aus Ihrer *Community*: „Ich habe gesehen, dass für Weihnachten ein Chor zusammengestellt wird. Kann ich da auch mitmachen?" Langsam werden die Teilnehmenden Ihrer *Community* sehen, wo sie der weiteren Kirche dienen können, und so Teil eines großen Ganzen werden, bevor sie sich überhaupt als Kirchenmitglied bezeichnen würden.

Achtung!

Erstickungsgefahr! Bestehende Gottesdienstgemeinschaften können neue christliche *Communities* ersticken. Die Teilnehmenden können unter Druck gesetzt werden, dass sie an Events der weiteren Kirche teilnehmen sollten, und es kann zu unrealistischen Erwartungen oder Annahmen kommen, die geistlich Suchende abschrecken können. Seien Sie also vorsichtig und geben Sie der neuen *christlichen Community* genügend Raum zum Atmen. Lassen Sie sie ihre eigene Identität in Christus und so ihren Charakter entwickeln. *Sachte, sachte* ist hier ein gutes Motto.

3. Säen Sie einen Samen

Jesus sagte über das Reich Gottes, dass es einem Senfkorn gleicht, das zu einem großen Baum heranwächst.

Einige Teams konzentrieren sich auf den Baum. Sie möchten etwas Großes schaffen. Also bezahlt die Muttergemeinde die Leitung und ein paar Mitarbeitende für den Aufbau einer neuen *Community*. Das Team wird rasch groß und wird zu einer ansehnlichen und selbsttragenden Gottesdienstgemeinde. Das funktioniert gut, wenn genug mit kirchlichem Hintergrund an diesen Ort ziehen und eine Gemeinde suchen oder wenn Mitglieder anderer Kirchen nicht mehr zufrieden sind und eine neue suchen und wenn das Team in diesem Netzwerk gut verbunden ist und diese Menschen einladen will. Aber in vielen Situationen gibt es keinen „Markt" für neue Gottesdienstgemeinden. Größer werden die neuen *Communities* erst viel später oder gar nicht.

Andere Teams konzentrieren sich auf den Baum, indem sie etwas jenseits ihrer Ressourcen schaffen möchten. Sie leihen Geld aus oder erhalten großzügige Fördergelder und hoffen, früh genug finanziell unabhängig zu werden. Das funktioniert, wenn die Leitung genug Unternehmergeist an den Tag legt. Aber Achtung: Viele erfolgreiche Unternehmer und Unternehmerinnen haben ein *gescheitertes* Projekt hinter sich. Oft dauert die finanzielle Unabhängigkeit länger als erwartet. Dann müssen wieder Fördergelder angefragt werden und Darlehen müssen verlängert werden. Dies führt dazu, dass man sich weniger um die Entwicklung der Initiative selbst kümmern kann. Wiederholte Zurückweisungen führen zu Entmutigung und wenn die Initiative aufgelöst wird, fühlen sich viele verletzt und desillusioniert. Bedenken Sie es also sorgfältig im Gebet, bevor Sie sich finanzielle Unterstützung suchen. Sind Sie sicher, dass Gott Sie dazu ruft?

Andere Teams konzentrieren sich auf das Senfkorn, auf den Samen. Sie beginnen im Kleinen, weil Gott an kleine Anfänge glaubt. Denken Sie daran: Gottes Plan, die ganze Welt zu segnen, begann mit einer einzigen Familie. Abraham war Gottes Same. Wer ist Ihr Same? Ihr Team? Vielleicht sind Sie nur zu zweit. Gott kann Ihre Leidenschaften und Interessen gebrauchen. Er kann Ihr Wissen, Ihre Bekanntschaften und Ihre Fähigkeiten gebrauchen, um eine neue *christliche Community* zu säen. Lesen Sie dazu Kapitel 11. Die Gemeinschaft mag klein sein, aber sie ist nachhaltig. Sie stützt sich nicht auf bezahltes Personal, sodass sie nicht immer wieder Geld auftreiben muss. Und wenn sie wächst, kann sie später vielleicht jemanden mit einer Teilzeitstelle als Leitung einstellen.

Stellen Sie sich vor, wie die *Community* in 50 Jahren aussehen könnte! Verachten Sie also das Senfkorn nicht, denn der Same ist der Schlüssel zur Nachhaltigkeit.

4. Potenzielle Leiterinnen und Leiter (und Helfer, Helferinnen)

Irgendwann werden Sie aus der Leitung zurücktreten. Hinterlassen Sie dann Ihrer *Community* ein Erbe oder eine Lücke? Ihre Antwort ist wesentlich für die Nachhaltigkeit Ihrer *Community*. Ein Erbe können Sie hinterlassen, wenn Sie potenzielle Leiter und Leiterinnen fördern und ihnen Verantwortung übergeben. Wenn Sie aber keine Nachfolge in der Leitung vorbereiten, hinterlassen Sie eine Lücke.

Um ein Erbe zu hinterlassen, müssen Sie in die Ausbildung neuer Führungskräfte investieren. Über neue oder potenzielle Führungskräfte nachzudenken, sie zu fördern und täglich für sie zu beten muss Ihnen in Fleisch und Blut übergehen. Eine potenzielle neue Leitung sollte von Beginn an Ihr Fokus sein. Denken Sie an Jesus. Sein Dienst begann damit, Menschen zu berufen, die seinen Auftrag weitertragen, wenn er weg ist. Und er bildete diese Menschen aus. Sehen Sie sich selbst nicht als Leiter oder Leiterin, sondern als Interimsleitung. Und suchen Sie sich mit Gott im Gebet verbunden Nachfolgerinnen und Nachfolger.

Halten Sie von Beginn an Ausschau nach potenziellen Helferinnen und Helfern sowie Leitern und Leiterinnen, insbesondere auch Menschen, die noch nicht an Christus glauben. Ihr bestes Erbe hinterlassen Sie, wenn Sie Ihre *Community* an Menschen übergeben, die in dieser *Community* zu Christus gefunden haben. Besprechen Sie die wichtigen Entscheidungen des Teams auch mit der ganzen *Community*. So werden Sie aufgrund der Reaktion sehen, wer in Zukunft mithelfen oder leiten könnte. Bitten Sie immer wieder um Hilfe, zum Beispiel beim Bereitstellen der Stühle, beim Abwasch, bei der Werbung. So wie Stephanus und Philippus von ihrer Dienerfunktion zu führenden Evangelisten wurden (Dienst an den Tischen, siehe Apostelgeschichte 6,1-10), werden sich unter den Freiwilligen, die Hilfe anbieten, die zukünftigen Leiterinnen und Leiter abzeichnen. Laden Sie potenzielle Leiterinnen und Leiter zu Ihren Teamsitzungen ein. Sie sollten sich dort wie zu Hause fühlen. Üben Sie keinen Druck aus und schauen Sie, wie Sie gemeinsam zurechtkommen.

Begleiten Sie potenzielle Leiter und Leiterinnen, nachdem Sie diese gefunden haben, und verbringen Sie Zeit mit ihnen. Lesen Sie mit ihnen die Bibel, wenn sie dazu bereit sind, und übergeben Sie ihnen immer mehr Verantwortung. Sie können sich an die folgende klassische Einarbeitungsmethode halten:

- „Ich mache vor, du schaust zu."
- „Wir machen es zusammen und besprechen es."
- „Du machst es, ich schaue zu."

Ziehen Sie sich in diesem Thema selbst zur Verantwortung. Wenn Sie für die potenziellen Leitungspersonen beten, fragen Sie sich, wodurch die Leitungsfähigkeit der Person in letzter Zeit gewachsen ist und was für diese Person der nächste Schritt sein könnte.

Seien Sie auf Enttäuschungen vorbereitet. Nicht alle werden so reagieren, wie Sie es sich erhoffen. Wichtig ist: Sie sind nicht das Problem, sondern das Leben ist chaotisch. Wir Christen sind gerufen, „mit Ausdauer in dem Wettkampf [zu] laufen" (Hebräer 12,1). Geben Sie also nicht auf! Suchen und begleiten Sie neue Leiterinnen und Leiter und legen Sie sich selbst immer wieder Rechenschaft ab. Hinterlassen Sie ein Erbe, keine Lücke.

5. Gestalten Sie alles möglichst einfach

Einfache Schritte sind nötig, weil es Zeit spart. Sie können sich zum Beispiel zu einem Essen treffen. Menschen müssen essen. So verbinden Sie Sitzungen oder das Haupttreffen Ihrer Gemeinschaft mit Essen.

Jeder kann etwas mitbringen und teilen. So muss niemand für alle kochen.

Einfach gestaltete Treffen können durch neu zum Glauben Gekommene leicht nachgeahmt werden. Führen Sie also Gebet, Bibellektüre und Lobpreis auf eine Art durch, die andere nachmachen können. Wenn Sie zum Beispiel oft evangelistische Predigten halten, werden sich einige neue Christinnen und Christen denken: „So etwas kann ich nie." Und so werden sie ihren Glauben an Christus nicht mit anderen teilen. Aber wenn Sie die Dinge einfach halten, so wie es im Kapitel 14 vorgeschlagen wird, werden die Teilnehmenden ermutigt zu denken: „Das kann ich auch tun!"

Eine einfach Gestaltung ist auch sinnvoll, weil einfache Schritte besser in Erinnerung bleiben. Dies ist besonders wichtig, wenn alle sowieso schon viel um die Ohren haben. Wenn sich Ihre *Community* (am besten) wöchentlich zur selben Zeit am selben Ort trifft, wird es für die Teilnehmenden zur Routine. Und so weiß jemand, der an einem Treffen nicht dabei sein kann, trotzdem, wann und wo das nächste Treffen stattfinden wird.

6. Nutzen Sie Ihre Zeit effizient

Ihre Initiative darf nicht mehr Zeit in Anspruch nehmen, als Ihr Team zur Verfügung hat. Sonst wird sie nicht nachhaltig bestehen.

Sie könnten die zeitaufwendige Variante wählen: Gottesdienst jeden Sonntag, eine monatliche Teamsitzung, dreimal im Monat Einsätze und *Organised Love* und später zusätzlich ein vierzehntägiges Treffen für die am Glauben Interessierten. So kommen Sie zu etwa drei Gemeindeterminen in der Woche. Ist das realistisch?

Die folgende Variante wäre effizienter: Gottesdienst zweimal im Monat, Teamsitzung zweimal im Monat, wöchentlicher Einsatz und *Organised Love*. Interessierte laden Sie zu Ihren Teamsitzungen ein.

Gottesdienst nur zweimal im Monat? Dafür müssen Sie sich nicht schuldig fühlen. Sehen Sie Ihre Teamsitzung als Mini-Gottesdienst oder Mikro-Kirche. Ein Teil der Sitzung ist Gebet, Ausrichtung auf Gott und Bibellektüre. Führen Sie den geistlichen Teil der Sitzung so durch, dass auch Außenstehende, am Glauben Interessierte, daran Gefallen finden könnten. So können Sie diese nach einiger Zeit zu den Sitzungen einladen. Weil Jesus unter uns ist, wenn zwei oder drei sich in seinem Namen versammeln (Matthäus 18,20), sind Sie in Ihrer Sitzung genauso eine Gottesdienstgemeinschaft wie der Gottesdienst am Sonntag.

Lesen Sie Kapitel 4 für einfache Ansätze des Eintauchens in die christliche Spiritualität. Bitte setzen Sie die Ansätze (wie auch alles andere in diesem Buch) nicht Wort für Wort um. Lassen Sie sich von diesen Ideen inspirieren und beten Sie darüber. Und wenn Ihnen die Mikro-Kirche zu anstrengend scheint, versuchen Sie, anders Zeit zu sparen.

Das Team der Gruppe „Great and Small" in Oxford (England) trifft sich wöchentlich über WhatsApp zu einer Planungssitzung. Die Gruppe hat außerdem einen gemeinsamen Google-Drive-Ordner, der beim Planen hilft.

Das Entscheidende ist es, vorauszudenken. Wie kann Ihre Initiative in der verfügbaren Zeit nachhaltig gestaltet werden? Einigen Sie sich auf einen Sitzungsrhythmus und bitten Sie die Teammitglieder, diese Termine zu reservieren. In einer Zeit voller Ablenkungen wird Ihre Initiative nur zur Priorität, wenn die Teammitglieder sie bewusst zu einer machen. Wenn sich die Mitglieder die Zeit nicht reservieren können, fragen Sie diese freundlich, ob sie es momentan als ihre Berufung sehen, die Gemeinschaft zu unterstützen. Diese Frage klingt hart, aber kann Ihnen viele spätere Enttäuschungen ersparen.

7. Schonen Sie Ihre Gesundheit

In diesem Abschnitt geht es darum, geistlich, emotional und körperlich gesund zu bleiben. Das Wohlbefinden des Teams ist notwendig für die

Nachhaltigkeit der Initiative. Denken Sie zusätzlich zu den offensichtlich gesunden Tätigkeiten (gesund essen, Sport, Pausenzeiten) immer wieder an die folgenden Schritte:

Bitten Sie Ihren Freundeskreis um Unterstützung. Wenn Sie eine Initiative allein stemmen, wird sie eine sehr fragile Sache bleiben. Was geschieht, wenn Sie krank sind? Aber wenn Sie ein Team zusammenstellen, wird die Initiative widerstandsfähiger. Bilden Sie Ihr Team, wie klein es auch sein mag, um die Phasen *Speise, Spaß, Sendung* und *Gemeinschaft mit Gott.*

Bitten Sie um Gebet. Unterstützung durch Gebet ist lebensnotwendig, wird aber oft vergessen. Bitten Sie Ihre Familie, Ihren Freundeskreis, Ihre Gemeinde darum, regelmäßig für Sie zu beten. Halten Sie sie auf dem laufenden Stand der Gebetsanliegen und -erhörungen. Und vergessen Sie nicht, ihnen regelmäßig für ihre Gebete zu danken.

Bitten Sie um Hilfe. Folgende Personen können Sie unterstützen:

- Ihr Team. Ihr Team ist kein *Team*, wenn die Lasten nicht gemeinsam getragen werden.
- Andere in Ihrer Initiative. Ein paar Familien sagten einmal: „Die *Community* ist nicht unsere *Community*, wenn wir nicht auch mithelfen können, sie zu führen." Was denken Sie dazu?
- Weise Menschen mit einschlägigen Erfahrungen.
- Eine geistliche Freundin, ein Mentor, ein geistlicher Berater, eine Leiterin.
- Ein Coach, eine Mentorin, für Sie oder Ihr Team.
- *Start-up:Kirche.* Das Buch vereint die Erfahrung Hunderter Menschen.

Vergessen Sie die Themen *Schutz vor sexuellen Übergriffen und geistlichem Missbrauch, Datenschutz, Arbeitsschutz, Versicherungen* usw. nicht. Suchen Sie sich auch hier Beratung. So können Sie spätere Probleme vermeiden.

8. Machen Sie, was Ihnen Freude bereitet

Zusammenfassung

- Beginnen Sie mit dem Ziel.
- Unterstützen Sie Ihre Muttergemeinde.
- Säen Sie einen Samen.
- Achten Sie auf potenzielle Leiter und Leiterinnen.
- Gestalten Sie alles möglichst einfach.
- Nutzen Sie Ihre Zeit effizient.
- Schonen Sie Ihre Gesundheit.
- Machen Sie, was Ihnen Freude bereitet.

Was ergibt sich daraus? Eine nachhaltige Initiative!

Zum weiteren Austausch

Lektüre

Lesen Sie Offenbarung 21 (Johannes' Vision, wie die Geschichte der Christenheit endet).

- Welche Stellen (welche Früchte) treffen am besten auf Sie zu? Können Sie davon ein Bild zeichnen oder malen?
- Wie könnten diese Früchte in Ihrer neuen *christlichen Community* aussehen?
- Was könnten Sie dafür tun, die Samen der Früchte in den Boden Ihrer neuen *Community* zu pflanzen?

Stellen Sie sich vor ...

Beschreiben Sie einen Teil Ihres Alltags, der Menschen einbezieht, die nicht zur Kirche gehen – Ihre Arbeit, Familie, Ihr Freundeskreis, Ihre Nachbarschaft, ein Hobby oder eine Leidenschaft. Stellen Sie sich vor, Gott würde Ihnen in einem Traum begegnen und Ihnen sagen, dass Sie Teil einer neuen *christlichen Community* in diesem Kontext sein könnten und dass die *Community* aussehen könnte, wie Sie wollen.

- Wie würde diese *Community* aussehen?
- Wie würde sie *handeln* und die Menschen in diesem Kontext *lieben*?
- Was wäre für die Menschen anziehend?
- Was wäre der nächste Schritt, diesen Traum in Erfüllung zu bringen?

6. Wie entstehen neue *Communities* in meiner Gemeinde?

Jede Gemeinde kann das!

Vielleicht sind Sie im Vorstand Ihrer Ortsgemeinde oder arbeiten verantwortlich mit und sind interessiert an neuen christlichen *Communities*. Wie könnten sie beginnen?

1. Beginnen Sie mit dem, was Sie haben

Neue christliche *Communities* sollten hauptsächlich Menschen ansprechen, die normalerweise nicht in die Kirche gehen. Das ist das Ziel.

Eine Frau, die zu einer Gemeinde gehörte, fragte sich, ob es möglich wäre, eine neue christliche Community in ihrer Ortsgemeinde zu gründen. Bei einem Gespräch erzählte sie, dass es in ihrer Gemeinde einen Mittagstisch mit etwa 60 Personen gab. „Beginnen Sie doch da", wurde sie ermutigt, „Nach dem Mittagessen können Sie einen freiwilligen geistlichen Abschluss anbieten. Alle, die möchten (ohne Druck), können sich um einen Tisch mit einer Kerze versammeln. Spielen Sie etwas christliche Musik ab, lesen Sie einen Abschnitt aus der Bibel (oder einem anderen religiösen Buch) vor und fügen Sie eine Zeit der Stille an als Gelegenheit zum Gebet oder zur Reflexion. Eine oder zwei Personen können mit einem Gebet abschließen. Dieser geistliche Abschluss sollte sich ganz im eigenen Tempo entwickeln. Vielleicht fragen die Teilnehmenden Sie einmal, ob das Vorgelesene in der Gruppe besprochen werden kann. Dann können Sie den Abschluss auf etwa 25 Minuten verlängern. Das könnte der Beginn einer neuen Gottesdienstgemeinschaft sein." Die Frau begann vor Freude zu strahlen, als ihr diese Vorschläge unterbreitet wurden.

Bei einem Kaffee-Treff oder einer Bastelgruppe könnte es ähnlich ablaufen. Sie könnten es „Raum für die Seele" oder „Fürsorge für den Geist" nennen. Treffen Sie sich während der Aktivität für einige Minuten in einer Ecke des Raumes mit allen, die wollen. Im Kapitel 14 finden Sie weitere Ideen.

2. Lassen Sie sich von den Menschen in ihre Welt einladen

Als Teil Ihrer Arbeit in der Gemeindeleitung können Sie die Mitglieder Ihrer Gemeinde aus ihrem Leben erzählen lassen. Interessant sind Hobbys, Menschen, mit denen sie sich treffen, Berufstätigkeit, Leidenschaften und Interessen (auch, wenn diese momentan nicht verfolgt werden) sowie Hoffnungen und Träume. Besprechen Sie mit ihnen folgende Fragen:

- Wie könnte ich in diesem Kontext regelmäßig und einfach *lieben und handeln*?
- Mit wem könnte ich das tun?
- Wie begeistert wäre diese Person darüber?
- Was könnte der nächste Schritt sein?

Haben Sie Geduld. Vermutlich werden Sie diese Fragen mit jemandem über mehrere Wochen oder Monate bearbeiten. Verzweifeln Sie nicht, wenn Sie während eines Gesprächs nicht vorwärtskommen. Fragen Sie die Person, ob sie offen wäre, zu Hause darüber nachzudenken und sich dann in einigen Wochen wieder mit Ihnen zu treffen. Seien Sie immer ermutigend.

Seien Sie auch nicht besorgt, wenn Sie sich für diese Aufgabe schlecht ausgerüstet fühlen. Lesen Sie *Start-up:Kirche* und machen Sie eine Liste der Geschichten, von denen Sie lesen. Beten Sie, dass diese Geschichten Ihnen gute Fragen oder Vorschläge geben, wenn Ihnen die Gesprächspartner und Gesprächspartnerinnen von ihrem Leben erzählen.

Eine Frau erzählte mir einmal, wie ihr Mann sich mit einigen zum Fahrradfahren traf. Sie mochte Fahrradfahren nicht, aber organisierte gemeinsam mit anderen das Essen nach der Tour. Dadurch wurde ich inspiriert, in meinen Gesprächen auch an solche Varianten zu denken. Zum Beispiel könnte eine Fußballtrainerin andere Personen fragen, ob sie das Essen am Ende des Trainings vorbereiten könnten.

Ein Vorrat an guten Geschichten hilft Ihnen, andere zu ermutigen und ihnen Vorschläge zu geben. Ist es für Sie zu viel Arbeit, *Start-up:Kirche* zu lesen und alle Geschichten aufzulisten? Falls ja, fragen Sie sich, ob es wirklich Ihre Berufung ist, die Entstehung neuer christlicher *Communities* in Ihrer Gemeinde zu initiieren. Denn je wichtiger Ihnen etwas ist, umso mehr Zeit und Arbeit möchten Sie dafür investieren!

3. Laden Sie alle ein, Teil zu sein – aber nicht direkt

Sie könnten zum Beispiel allen in ihrer Gemeinde ein Exemplar dieses Buchs verteilen (wenn Sie sich das leisten können). Gestalten Sie danach eine Predigtserie über neue christliche *Communities* (dazu können Sie die mitgesendeten Entwürfe brauchen) und treffen Sie sich in Kleingruppen, um sich über die Predigten auszutauschen. Nutzen Sie dazu die Diskussionsvorschläge. Erklären Sie den Gemeindemitgliedern, wie es weitergeht: Sie werden sich an einigen Visionsabenden mit Personen treffen, die sich für neue christliche *Communities* interessieren. Neben der Predigtserie und den Kleingruppen können Sie sich auch mit Einzelpersonen treffen und sie zu Ihren Visionsabenden einladen.

Achten Sie darauf, dass sich niemand gezwungen fühlt. Die meisten denken vermutlich: „Ich kann das nicht." Und wenn sie sich deswegen schuldig oder schlecht fühlen, möchten sie vielleicht gar nicht mehr mitmachen. Betonen Sie also, dass vermutlich nur einige sich dazu berufen fühlen werden.

Aber auch wenn man sich nicht berufen fühlt, kann man Teil von neuen christlichen *Communities* sein: Man kann für die Treffen beten. Eine oder mehrere Kleingruppen (falls es diese in Ihrer Gemeinde gibt) können eine Initiative „adoptieren", also für sie beten und gelegentlich praktisch mithelfen. Glieder der etablierten Ortsgemeinde sind Teil der Initiative(n), wenn sie wissen, wer diese leitet, und bei diesen nachfragen und Interesse zeigen können.

4. Treffen Sie sich regelmäßig mit den Teams

Vielleicht kommen nur eine oder zwei Personen zu Ihrem Visionsabend. Beten Sie für diese Menschen und treffen Sie sich regelmäßig mit ihnen. Lesen und besprechen Sie gemeinsam die für Sie relevanten Kapitel von *Start-up:Kirche*. Ermutigen Sie alle, sich einen Freund, eine Freundin zu suchen, den oder die sie in ihrem Team dabeihaben wollen. Diese Person können Sie mit zu den Visionsabenden nehmen. Sie muss nicht zu Ihrer Gemeinde gehören (solange sie weiterhin in ihre eigene Gemeinde geht), vielleicht gehört sie auch gar keiner Kirche an. Aber sie sollte damit einverstanden sein, dass christlich-religiöser Inhalt Teil der Initiative ist. Lesen Sie gemeinsam den Teil „Auf Gott und die Welt hören“ in diesem Buch (Kapitel 7 und 8) und ermutigen Sie die sich bildenden Teams, den ersten Schritt zu tun. Wenn die Teams keine Ideen haben, lesen Sie Kapitel 9. Treffen Sie sich weiterhin so oft wie nötig (einmal im Monat oder alle zwei Monate?) und bilden Sie so ein *Start-up:Kirche*-Treffen (siehe weiter unten). Wenn weitere Gemeindeglieder Interesse zeigen, beginnt der Prozess von vorne. Laden Sie diese Teams auch ein, sich zu den ursprünglichen Teams im *Start-up:Kirche*-Treffen zu gesellen.

Vergessen Sie nicht, dass das Leben chaotisch ist. Für einige wird es vielleicht Jahre dauern, ein Team für ihre Initiative zu finden. Andere werden die Visionsabende wieder verlassen und wieder andere später unerwartet dazustoßen. Seien Sie nicht entmutigt. Schätzen Sie alle, die es versuchen möchten, auch wenn es lange dauert.

Gott wirkt auch durch kleine Gruppen. Gottes Heilsplan begann mit einer einzelnen Person, mit Abraham. Ihren Anfang nahm die Kirche mit einem kleinen Treffen in einem Obergemach in Jerusalem (Apostelgeschichte 1,13; 2,1-4). Gott braucht das Kleine, um etwas Großes hervorzubringen. Schätzen Sie also die kleinen Gruppen, denn sie könnten die Bausteine für die Zukunft Ihrer Kirche sein.

Achtung!
Vergessen Sie nicht, sich um Schutz vor sexuellen Übergriffen und geistlichem Missbrauch, Datenschutz, Arbeitsschutz, Versicherungen usw. zu kümmern. Wenn Sie es den frühen Christinnen und Christen gleichtun möchten, die „beim ganzen Volk" Gunst fanden (Apostelgeschichte 2,47), ist dies wichtig. Lassen Sie sich beraten. So können Sie spätere Probleme aus dem Weg schaffen.

5. Gründen Sie ein Start-up:Kirche-Treffen

Diese Treffen werden in England manchmal auch „Greenhouse“ (Gewächshaus) genannt. Nennen Sie das Treffen, wie Sie möchten. An solchen Treffen kommen die Teams der verschiedenen Initiativen drei- oder viermal pro Jahr für die strategische Planung und gegenseitige Unterstützung zusammen. Jedes Team fragt sich:

- *Wo befinden wir uns* auf der *Missional Journey*?
- *Was könnten wir als Nächstes tun?* Beruft Gott uns dazu, uns auf einen früheren Schritt in der *Missional Journey* zu fokussieren? Sollten wir den Schritt vertiefen, bei dem wir uns befinden? Oder sollten wir in Richtung nächster Schritt gehen? Wie könnte das aussehen?
- *Was werden wir als Nächstes tun?* Stellen Sie einen einfachen Plan für die Erreichung dieses Ziels zusammen. Wer macht was bis wann?

Die verschiedenen Teams können ihren Prozess miteinander teilen und voneinander lernen. Vermutlich wären sie auch für einen Impuls Ihrerseits von vielleicht einer halben Stunde dankbar. Wählen Sie zum Beispiel ein relevantes Kapitel dieses Buchs, das Sie kurz zusammenfassen können.

Start-up:Kirche-Treffen bringen einen unschätzbaren Mehrwert. Die Teams sehen sich das Gesamtbild an und denken über Strategien nach. Anders als die meisten anderen Gemeindeaktivitäten, die oft ohne erkennbare Entwicklung dauerhaft fortgeführt werden, sorgen diese Start-up-Treffen dafür, dass immer wieder die Frage gestellt wird: „Was ist als Nächstes dran?". Die Teams können voneinander lernen, Einzelpersonen können so an der Weisheit des Teams, der Gruppe (*Start-up:Kirche*-Treffen) und des Netzwerks teilhaben. Außerdem sind die Teams einander und gegenüber den Vertretern der Gemeindeleitung, die das Treffen leiten, verantwortlich. Viel Verantwortung bedeutet wenig Kontrolle. Die Teams fühlen sich unterstützt und versorgt („Die Gemeindeleitung unterstützt uns!"). Ein gutes Team würde sich sowieso regelmäßig zur strategischen Planung treffen. Nun ist das mit dem *Start-up:Kirche*-Treffen bereits erledigt. Zusätzlich können neu gebildete Teams einfach zum Treffen hinzustoßen.

Erzählen Sie immer wieder von Ihrer neuen *christlichen Community* bzw. von den *Communities*. Dadurch werden andere inspiriert, auch Teil davon zu werden.

Zum weiteren Austausch

Lektüre

Lesen Sie Genesis 12,1-3. Gott schließt seinen Bund mit einer einzelnen Familie.

- Was fällt Ihnen an der Geschichte auf?
- Gott gebraucht das Kleine, um etwas Großes hervorzubringen. Kennen Sie andere Beispiele dafür in der Bibel? In der Geschichte der Christenheit? Aus eigener Erfahrung? Warum tut Gott dies?
- Kennen Sie jemanden aus Ihrer Gemeinde, den Gott berufen haben könnte, eine neue *christliche Community* zu gründen? Was könnte es für Sie bedeuten, „fort aus dem Land" zu gehen (Vers 1) und dies zu tun? In Kapitel 7 finden Sie mehr Ideen und Vorschläge.

Gebet

Machen Sie eine Liste der Personen, mit denen Sie über neue christliche *Communities* sprechen könnten und die Sie fragen könnten, Ihnen von sich selbst zu erzählen (die Liste von Personen muss nicht lang sein). Fragen Sie sich im Gebet die folgenden Fragen:

- Wen sollte ich als Erstes fragen (falls es mehr als nur einen Namen auf der Liste gibt)?
- Wo und wann sollen wir uns treffen?
- Wie könnte ich das Gespräch beginnen?
- Welche Fragen, Ängste und Einwände könnte die Person haben? Wie könnte ich darauf antworten?
- Wie stelle ich mir vor, dass das Gespräch endet?

Auf Gott und die Welt hören

7. Wozu sind wir berufen?

Der Preis der Berufung

Denken Sie sich manchmal auch, dass Sie für mehr auf dieser Erde sind, als Sie jetzt sehen können? Sehnen Sie sich danach, die Welt zu einem besseren Ort zu machen?

Vielleicht haben Sie von neuen christlichen *Communities* gehört, die sich unter Eltern in der Schule, Anhängern eines bestimmten Hobbys, Umweltschützerinnen, bei Essensausgaben oder an anderen Orten gebildet haben. Mit Gottes Hilfe entstehen diese *Communities* unter Menschen, die in keiner Kirche oder Gemeinde anzutreffen sind. Meist sind die *Communities* mit einer bestehenden Gemeinde verbunden, unterscheiden sich davon aber in der Form. Vielleicht haben Sie bereits von „Fresh Expressions", „missionalen Gemeinschaften", „Gemeindepflanzungen", „neuen Gottesdienstgemeinschaften", „Mikro-Kirchen" gehört, möglicherweise auch unter einem ganz anderen Namen. Möchte Gott vielleicht, dass auch Sie Teil davon werden? Falls ja, wie könnte Ihre Initiative aussehen?

Neue christliche *Communities* sind Ausdrucksformen christlicher Liebe. Sie sind aber auch eine Herausforderung, da sie sehr anstrengend sein können. In solchen *Communities* werden Sie stark mit den Leben anderer konfrontiert. Vielleicht müssen Sie sogar Ihr Leben dem Leben anderer anpassen. Warum sollten Sie sich das antun, wenn Sie dazu nicht berufen sind? Wenn Sie aber berufen sind, verpassen Sie die Gelegenheit nicht. Denn eine neue *christliche Community* könnte Ihr Leben verändern.

1. Sind Sie dazu berufen?

Neue christliche *Communities* entstehen dort, wo Gott bereits wirkt. Deshalb ist mit „Berufung" die Einladung gemeint, Teil von Gottes Plan zu werden.

Sind Sie dazu berufen, eine solche *Community* zu gründen? Falls ja, fragen Sie als Kernteam Gott, wozu genau er Sie beruft? Diese beiden Fragen müssen oft gemeinsam beantwortet werden. Ihr Verständnis Ihrer persönlichen Berufung kann auch davon abhängen, wozu das Team sich berufen fühlt.

2. Unzufrieden?

Gott beginnt manchmal mit Unzufriedenheit. Vielleicht

- haben Sie das Gefühl, dass es für Sie und andere, die Sie kennen, mehr gibt, als was sie bis jetzt sehen und tun.
- sind Sie frustriert über Ihre Kirche, die keine Verbindung zur Welt hat.
- haben Sie ein Herz für Menschen, die von der Kirche nicht erreicht werden, zum Beispiel Familien oder Menschen mit Behinderungen.
- möchten Sie ein Interessensgebiet mit anderen teilen oder haben eine unerfüllte Leidenschaft.
- fühlt es sich an, als ob Ihr christlicher Glaube von anderen Teilen Ihres Lebens abgekoppelt ist.

Wenn Sie sich hier irgendwo wiederfinden, könnte dies ein von Gott gegebener Hinweis darauf sein, dass Sie zu etwas Neuem berufen sind.

Achtung!

Einige neue *Communities* entstehen durch einen christlichen Kern, der mit der bestehenden Kirche unzufrieden ist, sonst aber wenige Gemeinsamkeiten teilt. Heilige Unzufriedenheit ist nicht dasselbe wie eine negative Grundhaltung. Heilige Unzufriedenheit führt zu einer Leidenschaft für positive Veränderung.

3. Stellen Sie sich vor …

Stellen Sie sich verschiedene Formen neuer christlicher *Communities* und verschiedene Arten vor, wie Sie Gott dienen können. Dazu können Sie sich die folgenden Fragen stellen:

- Was mag ich (oder das Team) gerne, das wir anderen Menschen weitergeben können? Wem?
- Gibt es Erfahrungen, die wir teilen können? Wir könnten zum Beispiel einen Foto- oder Musik-Kurs anbieten oder Handys von Teenagern reparieren.
- Mit welchen Menschen verbringen wir Zeit? Gibt es ein Interessensgebiet, das wir mit ihnen teilen könnten? Oder könnten wir jemand anderem helfen, ihre oder seine Leidenschaft anderen weiterzugeben?
- Wo halten wir uns regelmäßig auf? Wie könnten wir die Menschen in diesem Umfeld regelmäßig lieben und ihnen dienen?
- Gibt es bereits eine Initiative, zu der wir etwas beitragen könnten? Wenn Sie zum Beispiel freiwillig bei einer Essensausgabe helfen, könnten Sie und Ihr Team für die Menschen, die diese Möglichkeit nutzen, einen Mittagstisch organisieren.

In Kapitel 9 finden Sie weitere inspirierende Ideen.

Sammeln Sie gemeinsam Ideen; je mehr Ideen, desto besser. Stellen Sie sich vor, diese Ideen seien wie Kleidungsstücke, die Sie beim Shoppen anprobieren. Fragen Sie sich, was Ihnen als Person oder als Team am besten steht, welche Form Ihnen am ehesten passt. Dieser Prozess kann eine Weile dauern, deshalb ist Geduld gefragt. Es wird dann der Moment kommen, bei dem Sie die richtige Idee finden. Lassen Sie sich von diesem Moment überraschen.

Ein Paar wollte eigentlich mit Teenagern zusammenarbeiten und landete schließlich bei der Gründung eines Treffens für Menschen mit Lernschwierigkeiten.

4. Auf Gott und die Welt hören

Wenn Sie Kleidung anprobieren, fragen Sie oft andere, was diese dazu denken. Genauso ist es, wenn Sie verschiedene Ideen für Initiativen „anprobieren". Prüfen Sie Ihre Ideen und hören Sie auf folgende Personen:

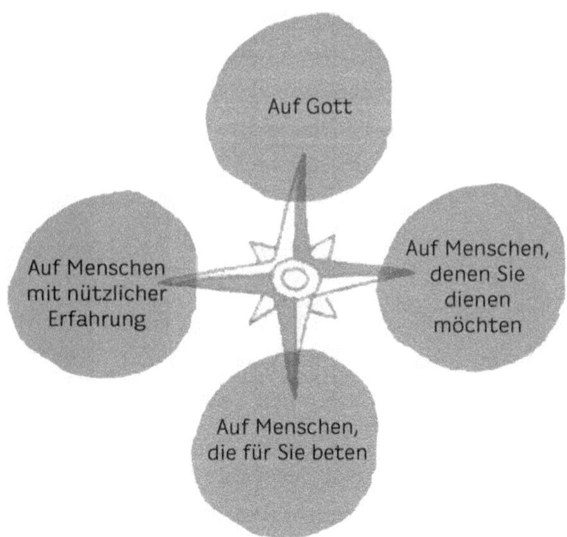

Man könnte dies „360 Grad Hören" nennen. Wie die vier Himmelsrichtungen des Kompasses können die vier Personengruppen Ihre Fragen beantworten und Ihnen helfen, den richtigen Kurs zu finden.

- *Hören Sie auf Gott im regelmäßigen Gebet,* einzeln und als Team. Auf 24-7prayer.ch finden Sie Ideen, wie Sie beten können. Neue christliche *Communities* entstehen, weil Gott es möchte. Ein gutes Fundament im Gebet ist daher wichtig.
- *Hören Sie auf die Menschen, die Sie lieben möchten.* Hier einige Beispiele:
  - *Suchen Sie ein „Kind des Friedens"* (Lukas 10,5-7). „Kinder des Friedens" gehören noch nicht zu ihrer *Community* oder Kirche, aber sie kennen viele Menschen und können Sie mit ihnen bekannt machen. Sie können ihnen Ihre Meinung sagen und als Resonanzkörper fungieren. Ihr Frisör, die Inhaberin Ihres Dorfladens, der Schuldirektor, jemand aus einer Arztpraxis oder der Anführer einer Gruppe Jugendlicher könnten zum Beispiel solche „Kinder des Friedens" sein.
  - *Machen Sie in der Nachbarschaft einen Gebetsspaziergang* und plaudern Sie mit den Menschen, die Sie unterwegs treffen, damit Sie heraus-

finden, was benötigt wird und wie Ihre Ideen ankommen.

- *Laden Sie Menschen ein* und stellen Sie bei einem kleinen Imbiss Ihre Ideen vor. So sehen Sie direkt, wie die Menschen auf Ihre Ideen reagieren. Wenn Sie nicht wissen, wen Sie einladen können, bitten Sie ein „Kind des Friedens", Menschen mitzunehmen.
- *Führen Sie eine Umfrage durch* und treffen Sie sich danach mit den Befragten zur Auswertung und Besprechung der Ergebnisse.
- *Erfassen Sie das soziale Leben Ihrer Nachbarschaft* und überlegen Sie sich, wo man sich trifft und wo die gesellschaftlichen Knotenpunkte und Energiezentren sind. Treffen Sie sich danach mit Personen, die Sie in diesem Gebiet kennen.
- *Verteilen Sie über eine bestimmte Zeit einmal die Woche morgens gratis Kaffee vor der Schule.* Dies hat eine Gruppe versucht und so die Eltern und Betreuerinnen und Betreuer besser kennengelernt.

- *Hören Sie auf die Menschen, die für Sie beten.* Unterstützung durch Gebet ist unabdingbar und wird trotzdem oft vergessen. Menschen mit Erfahrung in der Gründung neuer christlicher *Communities* betonen immer wieder, wie wichtig Gebet ist. Überlegen Sie sich, wen Sie bitten könnten, für Sie zu beten: Ihre Familie, Ihren Freundeskreis, die Gemeindeleitung usw.
- *Hören Sie auf Menschen, die auf diesem Gebiet bereits Erfahrung haben.* Dies können Menschen sein, die in der Bevölkerungsgruppe, die Sie erreichen möchten, bereits arbeiten (Freiwillige, Firmen, Behörden usw.). Es können Personen sein, die Erfahrungen mit neuen christlichen *Communities* haben. Falls Sie niemanden kennen, überlegen Sie sich, wer Kontakt zu jemandem mit Erfahrung hat. Fragen Sie auch Ihre Gemeindeleitung und andere vertraute Christinnen und Christen, von deren Weisheit Sie profitieren können, um ihre Meinung. Vielleicht können Sie auch weitere Kapitel dieses Buchs lesen, um besser zu verstehen, was dieses Hören in vier Himmelsrichtungen bedeutet.

5. Prüfen

Wandeln Sie mögliche Ideen in eine Story[8] um. Den Kern dieser Story bilden der Zweck und der Grund der Idee, also das „Was" und das „Warum". Erklären Sie Ihre Idee so, dass andere sie verstehen können.

Stellen Sie sich vor, wie Sie oder Ihr Team diese Story sich selbst erzählen. Oder den Menschen, denen Sie dienen möchten – wie könnten Sie ihnen beschreiben, was Sie sich vorstellen? Wie werden sie vermutlich reagieren? Stellen Sie sich weiter vor, dass Sie die Story Ihrer Familie und Ihrem Freundeskreis, Ihrer Gemeindeleitung (falls Sie Teil einer Ortsgemeinde sind) oder anderen Personen, die ein Teil der Initiative werden könnten, erzählen. Wie könnten Sie die Story erzählen? Je nach Publikum wird die Story etwas anders erzählt, was kein Problem ist. Wichtig ist, dass die verschiedenen Formen der Story dasselbe aussagen und Ihre jeweilige Zuhörerschaft ansprechen.

Ihre Story beginnt vermutlich damit, Menschen zu lieben, sie besser kennenzulernen und dann zu sehen, wohin der Geist Sie führt. Später wird sie vielleicht um ein Kapitel ergänzt, bei dem Teilnehmende Jesus kennenlernen und eine *christliche Community* entsteht. Wenn Sie beginnen, die Story anderen zu erzählen, muss sie noch nicht vollständig sein – bei jeder guten Geschichte ist das Ende überraschend. Um sich der Handlung bewusster zu werden, können Sie die Story aufschreiben oder sich ein Bild davon machen. Dabei werden Sie vielleicht merken, dass jedes Teammitglied eine etwas andere Vorstellung der Initiative hat.

Spüren Sie ein großes „Ja", wenn Sie die Story für die verschiedenen Zielgruppen vorbereiten? Dies könnte das „Ja" Gottes zu Ihrer Idee sein. Falls Sie dieses „Ja" nicht fühlen, macht es vielleicht Sinn, eine andere Idee weiter auszuarbeiten und dazu eine Story zu verfassen.

---

[8] Anm. d. Übers.: Mit „Story" ist in diesem Fall das Konzept der Initiative gemeint, die als Geschichte oder als Weg erzählt wird.

6. Initiativen kosten etwas

Sind Sie bereit, für Ihre Idee, für Ihre Initiative, Opfer zu bringen? Falls ja, ist dies vermutlich das beste Zeichen, dass die Idee von Gott stammt. Es ist aber wichtig, dass Sie realistisch bleiben, denn Gottes Berufung ist nicht immer einfach.

Ihre Geduld wird auf die Probe gestellt werden. Rom wurde nicht an einem Tag erbaut – das gilt für neue christliche *Communities* ebenso. Sie werden Prioritäten setzen müssen und so vielleicht weniger Zeit für andere Verpflichtungen haben. Einige Ideen werden vermutlich nicht umgesetzt werden. Während Sie den Menschen zuhören, die Ihnen am Herzen liegen, werden Sie vielleicht andere Ideen haben, wie Sie diesen am besten dienen können. Es kann zum Beispiel sein, dass Sie eine *Kirche Kunterbunt*, eine *Messy Church*[9] gründen möchten, aber teilnehmende Familien haben ganz andere Ideen. Vielleicht müssen Sie einige Ihrer Vorlieben aufgeben. Vielleicht sieht „Kirche" für die Menschen Ihrer neuen *Community* ganz anders aus, als Sie sich das vorgestellt haben. Aber genauso wie Jesus starb, damit wir leben können, müssen vielleicht einige Ihrer Vorstellungen sterben, damit er anderen Leben schenken kann.

Paul Unsworth, Pastor einer Baptistengemeinde in London, liebte es zwar, zu predigen, aber an den Mittwochabenden im Kahaila Café predigte er nicht, weil die Teilnehmenden den christlichen Glauben besser durch Gespräche und Diskussion entdecken konnten.

7. Ausprobieren

Falls Sie es schwierig finden, bei diesen Fragen Gottes Stimme zu hören, setzen Sie vielleicht einfach einmal eine Idee um, auch wenn Sie noch daran zweifeln. Lassen Sie sich von den Jüngern in Matthäus 28,17 er-

---

[9] Die „Messy Church" ist eine Kirche für Familien und andere. Sie hat Christus als Zentrum, ist für jede Altersgruppe gedacht und hat als Grundwerte Kreativität, Gastfreundschaft und Feiern. Weitere Informationen auf S. 235 („Material").

mutigen. Jesus sandte sie in die ganze Welt, auch wenn einige noch voller Zweifel waren. Seine Antwort auf Zweifel war, etwas zu *tun*. Probieren Sie also einfach etwas aus. Gottes Stimme hört man oft durch die Trial-and-Error-Methode und dazu gehören auch *Irrtümer und Fehler*. Sehen Sie Fehler aber nicht als ein Versagen Ihrerseits, sondern als Feedback, und versuchen Sie, aus jedem Fehler etwas zu lernen.

Wie können Sie wahrnehmen, dass Sie berufen sind, wenn Sie sich noch nicht ganz sicher sind? Folgende Punkte können Anzeichen sein:

- Eine Möglichkeit scheint besser zu sein als die andere.
- Die Idee geht Ihnen nicht mehr aus dem Kopf.
- Sie fühlen sich durch diese Möglichkeit ermutigt.
- Andere sind auch von Ihrer Idee begeistert.
- Sie fühlen Frieden über diese Idee.

Seien Sie nicht entmutigt, wenn sich diese Anzeichen (noch) nicht einstellen. Gottes Stimme fühlt sich für jede und jeden anders an und seine Bestätigung durch diese Anzeichen kann auch je länger, je mehr wachsen.

Zum weiteren Austausch

Lektüre

Lesen Sie Apostelgeschichte 13,1-3 (Barnabas und Paulus werden ausgesandt) und besprechen Sie danach die folgenden Fragen:

- Stellen Sie sich vor, diese Geschichte würde sich heute in Ihrer Kirchengemeinde ereignen. Wie würde das aussehen?
- Erzählen Sie die Geschichte nochmals in Ihren eigenen Worten. Was wird wichtig?
- Wie können Sie als Einzelperson und als Team die Stimme des Heiligen Geistes hören?
- Wer könnte für Sie im Gebet einstehen, wenn Sie die Idee einer neuen *christlichen Community* prüfen?

Gebet

Überlegen Sie sich, was Sie sich für andere, für die Welt und für sich selbst wirklich wünschen. Diesen Wunsch können Sie dann als Gebet aussprechen, aufschreiben, zeichnen, sich vorstellen oder auf eine andere Art vor Gott ausdrücken. Sie können allein oder mit anderen beten. Konzentrieren Sie sich gemeinsam in einer Zeit der Stille auf Gottes Berufung und Stimme. Am besten schließen Sie etwa für 5 Minuten die Augen und stellen einen Timer. Tauschen Sie sich danach gemeinsam über Ihre Vision und Sehnsüchte aus, die Sie in diesen 5 Minuten vor Gott bewegt haben. Sie können diese zeichnen, aussprechen, aufschreiben oder was auch immer Ihnen hilfreich scheint.

Falls Sie das Buch als Team lesen, könnten Sie sich bis zu Ihrem nächsten Treffen jeden Tag eine solche Zeit der Stille und des Gebets nehmen, sich dabei einige Gedanken notieren und beim nächsten Treffen miteinander darüber austauschen.

- Finden Sie wiederkehrende Muster in Ihrem Austausch?
- Was wünschen Sie sich am meisten für die Menschen um Sie herum?
- Was wünschen Sie sich am meisten für sich selbst?
- Was könnte Gott wollen, das Sie tun?

Vielleicht hilft Ihnen persönlich oder auch als Gruppe die Seite *taketime.org.uk* dabei, zu meditieren und auf Gott zu hören.

Berufung prüfen

Sie haben den Eindruck, dazu berufen zu sein, eine neue *christliche Community* (mit) zu gründen. Wer könnte Ihre Ansprechperson für dieses Thema sein? Unter *https://freshexpressions.de* bzw. *https://www.freshexpressions.ch* finden Sie Tipps, die Ihnen helfen, weiter zu denken. Eine weitere Hilfe können die unter „Material“ (S. 235) vorgestellten Bücher zu „Fresh Expressions of Church“ sein.

8. Was ist der erste Schritt?

Eine Anleitung mithilfe des Alphabets

Neue christliche *Communities* verbinden den Glauben mit dem Alltag. Sie bewirken wirklich etwas und bringen Jesus den Menschen näher.

Vielleicht denken Sie, dass dies zu schwer ist, aber es kann kinderleicht sein. Verteilen Sie zum Beispiel mit jemand anderem in Ihrer Straße oder bei der Arbeit Kuchen. Oder bitten Sie Menschen, jemanden für einen Gratis-Kuchen zu nominieren: jemand, der Geburtstag oder Hochzeitstag feiert, der die Fahrprüfung bestanden hat oder sich von einer Krankheit erholt. Oder hören Sie gerne Musik? Laden Sie andere zu einem Hauskonzert bei sich ein. Alle können ihr eigenes Essen mitnehmen und sich beim Essen über die Musik austauschen. Was mögen die Menschen um Sie herum? Laden Sie sie zu sich ein und fragen Sie nach Ihrer Leidenschaft. Verteilen Sie Einladungen und schauen Sie, wer sich meldet. Sie können den Anfang einfach gestalten. Beginnen Sie mit dem, was Sie haben, sind, wissen und kennen. Hören Sie anderen zu, was sie von Ihren Ideen halten. Es ist so einfach wie das Alphabet.

1. Antworten bei Gott und im Freundeskreis einholen

Lassen Sie sich vom Geist leiten, denn neue christliche *Communities* entstehen durch Gottes Wirken.

Gebet ist unentbehrlich. Fragen Sie Gott immer wieder, was er sich vorstellt und was als Nächstes dran ist.

Gott liebt Teams. Über den ersten Menschen sagte Gott: „Es ist nicht gut, dass der Mensch allein sei" (Genesis 2,18). Gottes Projekt, den Garten Eden auf den ganzen Planeten auszubreiten und mit Menschen zu bevölkern, begann mit nur zwei Menschen. Sie brauchen also kein großes Team. Sie können Ihre neue *christliche Community* auch allein gründen.

Falls Ihr Team groß ist, lohnt es sich, dieses in kleinere Gruppen aufzuteilen und den Fokus bzw. die Zielgruppe bei jedem Team etwas anders zu definieren. Die Gruppen können sich dann ein- oder zweimal im Monat zu Planung und Gebet treffen. So können aus Ihrem Team sogar mehrere neue *Communities* entstehen.

Unterstützung ist wichtig. Suchen Sie sich Menschen, die regelmäßig für Sie beten, und bleiben Sie mit ihnen in Kontakt. Die Unterstützung durch Gebet ist wesentlich. Suchen Sie sich auch Beratung bezüglich Sicherheitsmaßnahmen, Gesundheit und Arbeitsschutz, Versicherungen usw.

Achtung!

Größere Teams bergen einige Gefahren:

Es ist schwieriger, die Visionen vieler Menschen zu vereinen.

Es kann sein, dass die verschiedenen Freundeskreise und Beziehungsnetzwerke der Teammitglieder nicht gut miteinander verbunden werden können.

Die geistliche Begleitung aller Teammitglieder kann für die Leitung dazu führen, dass der Fokus auf die Zielgruppe verloren geht.

Es besteht die Gefahr, dass sich das Team nur mit seinen eigenen Bedürfnissen beschäftigt.

Die Art, wie sich das Team auf Gott ausrichtet, kann sich für Menschen von außen befremdlich anfühlen.

2. Beginnen Sie mit dem, was Sie haben

Sie müssen nicht stundenlang auf ein weißes Stück Papier starren. Gott hat Sie bereits beschenkt. Womit und mit wem können Sie bereits arbeiten? Fragen Sie sich Folgendes im Gebet:

- *Wer sind wir?* Wofür schlägt unser Herz? Fürs Kochen, die Fotografie, für Fußball? Mit wem teilen wir unsere Interessen? Zum Beispiel mit anderen Eltern?
- *Was können und wissen wir?* Wissen wir viel über Musik oder die Gestaltung einer Website? Wem könnten wir mit diesen Fähigkeiten dienen? Was haben andere neue christliche *Communities* gemacht und wie könnten wir ihre Ideen auf unseren Kontext anpassen?
- *Wen kennen wir?* Mit wem könnten wir unsere Leidenschaften und unser Wissen teilen? Wen könnten wir um Hilfe bitten? Könnte auch jemand mithelfen, der nicht dieselben Fähigkeiten hat? Zum Beispiel mit Essensvorbereitung? Denn gemeinsam zu essen ist immer gemeinschaftsbildend.
- *Was haben wir bereits?* Ein Zuhause, in dem wir uns treffen könnten, ein Auto für den Transport, Zeit?

Der Ansatz von *Start-up:Kirche* ist nicht „Was fehlt uns, was brauchen wir noch?", sondern „Was haben wir bereits, worauf wir bauen könnten?"

Auf S. 31 habe ich bereits von Louisa berichtet. ***Wer war Sie?*** *Eine Gemeindekrankenschwester.* ***Was wusste sie?*** *Sie wusste, dass viele Mütter in der Region unter postnataler Depression litten.* ***Wen kannte sie?*** *Charlie und Charlotte, die in der Nähe der Mütter wohnten und ihr vorschlugen, ein Treffen für diese Mütter zu organisieren.* ***Was hatten sie bereits?*** *Das Zuhause von Charlie und Charlotte, wo sich die Mütter treffen konnten und mit der Zeit zu einer christlichen Community zusammenwuchsen.*

Denken Sie daran, dass nicht alles von Ihnen kommen muss. Lassen Sie sich von den Menschen helfen, denen Sie dienen. So wird die Initiative auch zu *deren Community.*

Achtung!
Ist Ihre Zielgruppe eng genug gewählt? Oder umfasst sie verschiedene Untergruppen, die jeweils auf unterschiedliche Art erreicht werden müssten? Könnte es hilfreich sein, Ihren Fokus weiter einzugrenzen?

3. Consulting – Andere hinzuziehen

Auf andere zu hören, bildet das Herz von allem. *Hören Sie in vier Richtungen (siehe Kapitel 7.4)!* Laut Psychologin Dr. Sarah Savage aus Cambridge fühlen sich die beiden Erfahrungen, wenn jemand uns zuhört und wenn wir geliebt werden, sehr ähnlich an. Sie seien sogar kaum unterscheidbar.

Kennen Sie nicht genug Menschen? Bekanntschaften können Sie auf ganz unterschiedliche Arten schließen. Sie könnten gratis Kaffee an Eltern verteilen (vgl. S. 93). Oder melden Sie sich freiwillig zur Mitarbeit in einer Bar oder einem Lokal.

Eine ehemalige Lehrerin meldete sich freiwillig für einige administrative Tätigkeiten in einer Schule in der Nähe. Sie lernte die Lehrer und Lehrerinnen kennen und so öffnete sich für sie die Tür, ihnen zu dienen.

Sie könnten eine Umfrage machen: Bitten Sie zum Beispiel eine Arztpraxis in der Nähe, einige Patienten und Patientinnen einzuladen, damit Sie diese befragen können. Nehmen Sie eine Flasche Wein mit und fragen Sie die Menschen, wie die Kirche die Praxis unterstützen könnte. Plaudern Sie gemeinsam, schließen Sie Freundschaften und laden Sie Interessierte ein, sich zu treffen und über Ideen auszutauschen. Oder machen Sie einen Gebetsspaziergang in Ihrer Nachbarschaft und halten Sie beim Friseursalon, beim Einkaufsladen, beim Café usw. kurz an und plaudern Sie mit den Angestellten, falls diese Zeit haben. Sprechen Sie auch mit anderen, die Sie unterwegs treffen, und fragen Sie sie, was sie in der Nachbarschaft vermissen oder brauchen.

Eine Frau traf auf einem solchen Spaziergang einmal eine Mutter mit Kinderwagen, die sich darüber beklagte, dass es in der Nähe keine Eltern-Kind-Angebote gab. Also fangen sie gemeinsam an, das zu ändern.

Laden Sie, vielleicht auch gemeinsam mit einem örtlichen Verein oder einer Firma, Ihre Nachbarschaft zu einer Grillparty oder sonst einem Fest ein, das Sie dann regelmäßig wiederholen können, falls es gut gelaufen ist.

Eine Familie lud zum Beispiel einmal im Monat an einem Sonntag zu einem Brunch ein und lernte so viele neue Leute kennen.

Überlegen Sie sich beim Schließen neuer Freundschaften, wie Sie diese Menschen lieben und die Freundschaft vertiefen können.

Sie erinnern sich sicherlich noch an die christliche Gruppe Hot Chocolate (S. 20), die im Stadtzentrum von Dundee (Schottland) heiße Schokolade an Jugendliche verteilte. Die Gruppe bemerkte, dass die Teenager einen Ort suchten, an dem sie Musik spielen konnten, und stellten Ihnen einen Raum in ihrer Kirche zur Verfügung. Aus den Treffen der Jugendlichen entstand eine Community mit einem christlichen Kern. Das Ganze entstand mit dem, was die Christinnen und Christen konnten, nämlich heiße Schokolade zubereiten, und entwickelte sich weiter, weil sie den Jugendlichen zuhörten und auf ihre Bedürfnisse reagierten.

4. Denken Sie sich viele Ideen aus

Stellen Sie sich immer wieder die Frage: „Was wäre, wenn?“ – „Was wäre, wenn wir dies tun würden? Was wäre, wenn wir jenes tun würden?“ Schauen Sie immer wieder über Ihren Tellerrand. Vielleicht wissen Sie

bereits, dass Sie eine *Messy Church* gründen möchten, aber suchen Sie weitere Ideen, wie Sie den Familien in der Umgebung anders dienen könnten.

Sie könnten zum Beispiel eine „Lego-Kirche" gründen, wie das in der Nähe von Guildford in England der Fall war. Familien trafen sich und hörten eine Geschichte aus der Bibel, die sie besprachen und dann mit Legosteinen nachbauten. Danach wurde gebetet und gegessen. Dies ist vermutlich einfacher, als den Familien Bastelmaterial zur Verfügung zu stellen.

Sie könnten auch eine „Minecraft-Kirche" gründen, die die Geschichten mit Minecraft statt Lego nachbaut, oder Sie könnten die beiden Ideen auch verbinden. Gott könnte etwas Wunderbares für Sie bereithalten, das Sie verpassen könnten, wenn Sie sich an Ihrer ursprünglichen Idee festklammern.

Nigel Cross spricht in seinem Buch *Design Thinking* (Bloomsbury, 2011) davon, dass sich professionelle Designer immer wieder die Frage „Was wäre, wenn?" stellen. Unerfahrene Designer hingegen würden zu früh damit aufhören und deshalb kreative Ideen verpassen. Sie designen sozusagen eine neue *christliche Community*, es ist daher sinnvoll, sich zu fragen „Was wäre, wenn?“ Machen Sie einen kleinen Wettbewerb, wer beim nächsten Treffen mit den meisten Ideen auftaucht. Sammeln Sie Ideen, bis Sie glauben, die richtige gefunden zu haben, und testen Sie dann, ob sie funktioniert. Die drei Fragen, die Sie sich stellen können, sind: „Was wäre, wenn?“, „Welche ist DIE Idee?“ und „Was funktioniert?“

5. Experimentieren

Durch Experimente lernt man am schnellsten. Verbringen Sie nicht zu viel Zeit damit, über Ideen nachzudenken. Dadurch lernen Sie noch nichts. Ob eine Idee funktioniert, merken Sie erst, wenn Sie sie umsetzen. Gott spricht durch Handlungen. Wenn Sie sich bei einer Idee also nicht sicher sind, versuchen Sie es einfach einmal. Learning by doing! Gehen Sie in die Nachbarschaft und verteilen Sie Kaffee oder etwas anderes.

Und falls es nicht funktioniert, können Sie einfach etwas anderes ausprobieren. In diesem Prozess gibt es kein Scheitern, sehen Sie Misserfolge nur als Lernerfolg. Neue christliche *Communities* entstehen durch Ausprobieren, durch Versuch *und Irrtum*. Ein Experiment kann sehr enttäuschend ausgehen. Sie lernen jedoch auch aus diesen Erfahrungen. Versuchen Sie die Worte „Versagen“ und „Scheitern“ aus Ihrem Wortschatz zu streichen. Wer schnell beginnt, macht schnell Fehler und lernt schnell. Und beginnt dann etwas Neues.

6. Folgen Sie der Missional Journey

7. Gott als Fundament

Gott ist das Fundament Ihrer Initiative. Deshalb sollte Gebet immer eine Priorität sein. Suchen Sie sich Menschen, die für Ihre Initiative beten.

Zum weiteren Austausch

Lektüre

Lesen Sie Lukas 2,41-52 (der zwölfjährige Jesus hört zu).

- Wie sähe es aus, wenn die Geschichte heute stattfinden würde?
- Was scheint an der Art, wie Jesus zuhörte, wichtig?
- Wie können Sie dies umsetzen und den Menschen in Ihrem Umfeld zuhören?

Reflexion

- Zählt zum Schritt *Auf Gott und die Welt hören* nur das Hören oder vielleicht auch das Fühlen und Sehen?
- Wie aufmerksam hören Sie *allen* relevanten Stimmen zu? Auf welche Stimme hören Sie vielleicht nicht?
- Wer hat Ihnen gut zugehört? Was können Sie von dieser Person lernen?

Team

Denken Sie im Gebet an verschiedene Bereiche in Ihrem Leben, an Ihre Arbeit, Ihre Nachbarschaft, Ihren Freundeskreis, Ihre Hobbys, Interessen und Leidenschaften. Mit wem könnten Sie sich zusammentun, um den Menschen in einem dieser Bereiche zu dienen, und *welche* Kapitel dieses Buchs wären für Sie als Team als Nächstes hilfreich?

Tagebuch

Beginnen Sie, in einem Tagebuch alles zu notieren, was Sie anspricht. Um Ihre Notizen etwas zu strukturieren, können Sie zum Beispiel die Titel der Kapitel von *Start-up:Kirche* übernehmen. Prüfen Sie betend, ob sich in den Notizen Muster oder Strukturen erkennen lassen, und überlegen Sie, ob sich darin zeigt, wohin Gott Sie führen möchte.

Vorstellen

Stellen Sie sich den Kontext, zu dem Sie sich berufen fühlen, vor Ihrem inneren Auge vor.

- Welche drei Merkmale dieses Kontextes empfinden Sie als die besten? Wo könnten Sie einen Beitrag leisten, damit sich in diesem Kontext Dinge ändern? Wie sähe Ihr Traumergebnis aus?
- Wer könnte Sie dabei unterstützen (vielleicht jemand, der Sie auch bei anderen Gelegenheiten bereits unterstützt hat)?

Lieben & handeln

9. Wie entsteht eine Idee?

Einige Geschichten zur Inspiration

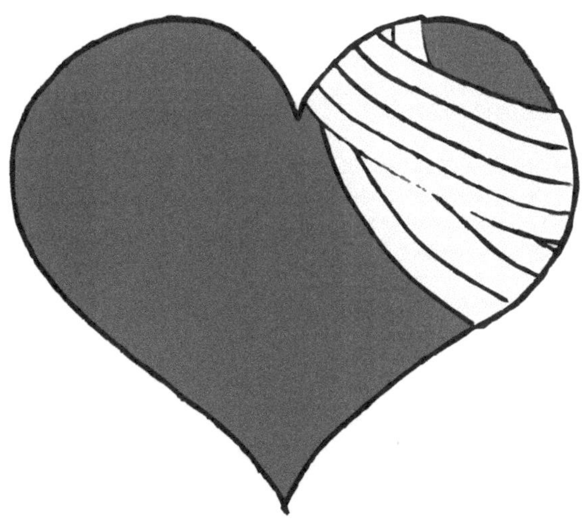

Nehmen Sie nicht zu rasch die Schritte *Gemeinschaft entsteht* und *Den Glauben an Jesus Christus teilen* in Angriff, obwohl sie auch gut sind. Es ist wichtig, zuerst die Menschen zu lieben.

Die Kirche ist für die meisten Menschen heutzutage so weit entfernt, dass sie an Glaubwürdigkeit verloren hat. Wenn man die Kirche nicht kennt, vertraut man natürlich auch ihrer Botschaft nicht mehr. Seien Sie wie Jesus und beginnen Sie damit, Menschen zu lieben. So werden Sie zu einer Brücke zwischen Kirche und Gesellschaft und Menschen werden offen für das Evangelium. Jesus liebte die Menschen um sich herum bedingungslos, wie zum Beispiel die 10 Aussätzigen, die alle geheilt wurden und von denen einer zurückkehrte, um ihm zu danken (Lukas 17,11-19).

Denken Sie an die *Organised Love.* Diese Liebe geht über Einzelbeziehungen hinaus, beinhaltet diese aber. Wenn Sie nur Einzelbeziehungen leben, begrenzen Sie Ihre Fähigkeit zu lieben, weil Liebe oft organisiert werden muss. Ein Geburtstagsfest muss organisiert werden, und um Obdachlose zu lieben, müssen Sie die Essensausgabe organisieren. Um Hundebesitzerinnen und -besitzer in Ihrem Umfeld zu lieben, könnten Sie sich zum Beispiel regelmäßig beim Gassigehen treffen.

Wenn Sie sich regelmäßig treffen, erweitert *Organised Love* Ihre Fähigkeit, das Leben anderer zu bereichern. Ihr Treffpunkt ist wie ein Wasserloch in einer Wüste, bei dem man sich versammelt. Hier können Sie Beziehungen bauen.

Durch Liebe und Dienen werden Herzen für Geschichten über Christus geöffnet. Deshalb machen Sie den Dienst an Menschen zu einer Priorität, wie das auch bei Jesus der Fall war. Am besten suchen Sie zuerst einmal nach einer Idee.

1. Wie entwickeln wir eine Idee?

Am einfachsten ist es, sich von Ideen anderer inspirieren zu lassen. Lassen Sie sich nicht von Ihren eigenen Erfahrungen und Ihrem Wissen gefangen nehmen. Sie sind wie ein Garten, der von einer Mauer umgeben ist. Brechen Sie aus dem Gewohnten aus und erkunden Sie die Möglichkeiten hinter der Mauer! Schauen Sie sich an, was sich die Menschen um Sie herum erträumen und ersehnen, was außerhalb der Kirche gut funktioniert und was andere Christen vor Ihnen bereits getan haben. Kopieren Sie nicht einfach eine bestehende Idee, sondern kombinieren Sie Ideen und öffnen Sie so das Tor zu einer gänzlich neuen Welt.

2. Möglichst einfach

Verteilen Sie Kuchen in der Nachbarschaft (wie im letzten Kapitel vorgeschlagen) und wenn Sie gefragt werden, warum Sie dies tun, antworten Sie: „Wenn Sie mehr wissen möchten, können Sie zu unserem Abendtreffen kommen, wo wir Kuchen essen, Wein trinken, Spaß haben und christliche Spiritualität entdecken." Jeder kann Kuchen verteilen und Fragende einladen, egal was Ihre Tradition ist und wie unsicher Sie sich bezüglich Ihres christlichen Glaubens fühlen. Kapitel 14 beschreibt die darauffolgenden Schritte.

3. Ein Ort, um sich zu treffen

Oft sehnen sich Menschen danach, einen Ort zu haben, an den sie einfach kommen können, um sich mit anderen Familien zu treffen, ihre Nachbarschaft kennenzulernen, Freundschaften zu schließen oder sich mit Arbeitskolleginnen und -kollegen auszutauschen. Diesem Wunsch könnten Sie nachkommen. Hier einige Beispiele:

Ein junger Erwachsener kochte Suppe und lud die Nachbarschaft ein, sich zu treffen.

Ein Paar lud einmal im Monat Menschen aus seinem Wohnviertel zu einem Frühstück ein.

Einige Eltern trafen sich einmal die Woche zu einem Thirst-Treffen (Durst) im Lehrerzimmer mit Kaffee, Gebäck und einer Plauderstunde.

Ein Paar lud – in Absprache mit den Eltern – „Schlüsselkinder", die sonst allein zu Hause wären, nach der Schule zu Limonade und Keksen in ihren Vorgarten ein.

Sie könnten die App *Nebenan.de* oder eine ähnliche herunterladen, um sich mit den Menschen in Ihrer Nähe zu treffen. Schaffen Sie sich neben Ihrem Zuhause und der Arbeit ein drittes Umfeld, in dem Sie sich mit anderen treffen können.

4. Nutzen Sie Ihre Leidenschaften und Interessen

Treffen Sie sich in einer Gruppe zu einem gemeinsamen Hobby, wie das zum Beispiel bei *Knit und Natter* (Stricken und Plaudern) im Kapitel 1 der Fall war. Die Gruppe bildete sich aus Menschen außerhalb der Kirche, die sich zum Stricken trafen.

Neue christliche *Communities* entstehen beim Gassigehen, Kartenbasteln, Filzherstellen oder im Fitnessstudio. In einer Wandergruppe können Sie zum Beispiel ein Picknick mitnehmen oder sich danach zum Essen

treffen, gemeinsam lachen und sich besser kennenlernen. Falls Sie einen Sportverein trainieren, können Sie jemanden für die Vorbereitung des Essens nach dem Training anfragen. Falls Sie gerne Fahrräder reparieren, können Sie Jugendlichen in Ihrer Nähe zeigen, wie das geht, und dabei ins Gespräch kommen.

5. Online-Treffen

Kevin teilte seine Leidenschaft für Filme, indem er eine Website und einen Blog für Filmbegeisterte gestaltete. Die Follower schauten sich dieselben Filme an und kommentierten sie im Feed. Nach einiger Zeit lud Kevin sie zu einem Zoom-Treffen ein und sprach mit ihnen über die Spiritualität in den Filmen. Er fragte sie, ob jemand beim nächsten Treffen ein Gebet beitragen könnte, und veranstaltete später eine kurze Bibellektüre mit einigen Diskussionsfragen. Die Gruppe nennt sich nun „Cinema and Scriptures" (Kino und Schrift) und Kevin witzelt: „Ich glaube, wir sind nun eine Kirche."

Jemand, der sich selbst als Mensch beschreibt, der von einer Form des Autismus betroffen ist, gründete eine WhatsApp-Kirche für seinen Freundeskreis, da sich seine Freunde und Freundinnen lieber online treffen. In der WhatsApp-Gruppe diskutiert man über Spiritualität und tauscht Gebetsanliegen aus. Der Gründer scrollte durch die Kontakte in seinem Handy und erklärte mir: „Meine Kirche ist hier drin."

Eine Gruppe leidenschaftlicher Gamer trifft sich regelmäßig, um sich auszutauschen. Alle Teilnehmenden streamten jeweils, wenn sie zum Beispiel Minecraft spielten, und andere schauten ihnen zu. Langsam bildete sich ein regelmäßiges Publikum und es wurden auch geistliche Themen besprochen. Dies legte den Grundstein für Gebet und Bibelgeschichten, die dann in Minecraft nachgebaut werden.

6. Hybride Treffen

Kevin (ein anderer als im vorigen Abschnitt) trifft sich regelmäßig mit Jugendlichen, um Minecraft zu spielen. Alle bringen ihre iPads mit, sitzen auf Kissen, gamen, plaudern und essen gemeinsam. Es wird über Lebensfragen und Spiritualität gesprochen, was für Kevin die Gelegenheit ist, mit den Jugendlichen zu beten und über Glaubensfragen zu sprechen.

Kathy suchte über meetup.com Poesie-Interessierte, mit denen sie über Lieblingsgedichte chatten konnte. Nach einiger Zeit begann die entstandene Gruppe, „Poetry with a Purpose" (Poesie mit Zweck), einen Raum zu mieten. Zum Start liest Kathy jeweils einen Psalm aus der Bibel vor, sagt kurz etwas dazu und leitet ein Gebet ein. Danach lesen alle ein Gedicht vor, über das ausgetauscht wird.

Brittany aus Kanada, die den Silver-Lake-Provincialpark in ihrer Nähe liebt, gründete die Facebook-Gruppe „Lovers of Lake Silver" und lud ihren Freundeskreis ein, der Gruppe beizutreten. In der Gruppe findet man digitale Schnitzeljagden, bei denen die Teilnehmer bestimmte Orte im Park suchen müssen und dann ein Bild posten. Außerdem werden in der Gruppe Bilder und Beiträge über Lieblingsorte und Unternehmungen im Park geteilt. Die Beiträge sind oft auch geistlich und mit einer bestimmten Erinnerung verbunden. Ab und zu trifft sich die Facebook-Gruppe auch im Park an einem der Picknick-Tische, diskutiert über Spiritualität und das Leben, betet und liest gemeinsam in der Bibel.

7. Menschen am Rand der Gesellschaft

Die Gruppe „Saturday Gathering" (Treffen am Samstag) begann mit Menschen, die eine Essensausgabe am Samstagmorgen in Anspruch nahmen. Die Community trifft sich jeweils am Samstagabend am selben Ort, tauscht Erfahrungen aus und liest in der Bibel.

Im westlichen Teil Londons treffen sich Obdachlose und andere Menschen am Sonntagnachmittag zu Tee und einem kleinen Gottesdienst.

Falls Sie eine Leidenschaft für schutzbedürftige Menschen, Asylsuchende, arbeitslose Jugendliche oder Heimbewohnerinnen und -bewohner haben, fragen Sie nach, wie Sie bestehende Initiativen in diesen Bereichen unterstützen können. Sie könnten zum Beispiel bei einem bestehenden Projekt einen freiwilligen „spirituellen Impuls" anbieten. Vielleicht können Sie mit Fähigkeiten oder mit Know-how hilfreich sein, zum Beispiel arbeitslosen Jugendlichen einen Fotografiekurs anbieten oder ein Sprachcafé für Migranten starten und bei einer Tasse Kaffee helfen, die im Sprachkurs erworbenen Kenntnisse in der Praxis anzuwenden.

8. Klima und soziale Gerechtigkeit

Falls Sie sich mit Leidenschaft gegen globale Armut, moderne Sklaverei oder den Klimawandel einsetzen (möchten), könnten Sie die sozialen Medien nutzen, um Gleichgesinnte zu suchen. Organisieren Sie ein Treffen zum Ideenaustausch, zur Planung von Aktionen und zur Erkundung von Spiritualität, damit sich eine gut ausgerüstete Gruppe bilden kann.

Die Gruppe „Just Church" (gerechte Kirche) entstand, weil mehrere Personen sich trafen, um Petitionsbriefe für Amnesty International zu schreiben. Diese Briefe waren gleichzeitig ihre Gebete.

Eine Gruppe von Männern traf sich, um in der Nachbarschaft den Müll zu sammeln und danach in einer Bar etwas zu trinken und sich darüber auszutauschen, wie sie sich als Väter, in ihrer Partnerschaft oder am Arbeitsplatz weiterentwickeln könnten.

9. Der Arbeitsplatz

Die Community „Coffee in the Living Room" (Kaffee im Wohnzimmer) ist ein Gemeinschaftsprojekt einer Ortsgemeinde und einer Arztpraxis. Donnerstags treffen sich etwa 60 Patienten und Patientinnen im Gemeindesaal zu einer kleinen Erfrischung, Brettspielen und um sich zu unterhalten. Außerdem ist eine Gemeindekrankenschwester anwesend, die Beratung anbietet, und es gibt ein Team, das für die, die das wollen, betet. Dadurch fühlen sich die Patientinnen und Patienten besser und weniger einsam, was zu weniger Arztbesuchen führt.

Ein Pfarrer organisierte mehrere Gruppen, in denen die Kinder nach der Schule Zeit verbringen konnten: zum Beispiel eine Band oder eine Gruppe, die über psychische Gesundheit sprach. So lernte er die Schülerinnen und Schüler besser kennen und lud sie zu einem Treffen ein, bei dem sie Spiritualität, Gebet und den christlichen Glauben entdecken konnten.

Sie könnten Arbeitskolleginnen und -kollegen zu einer Spiritualität-bei-der-Arbeit-Gruppe während der Mittagspause einladen oder einen Chor in der Nachbarschaft gründen. Sie könnten andere zu Filmabenden einladen, bei denen Sie in der einen Woche einen Film schauen und diesen beim nächsten Treffen bei einem kleinen Snack besprechen. Oder Sie könnten Treffen organisieren, bei denen für die berufliche Fortbildung relevante Artikel besprochen werden. Vielleicht können Sie diese Treffen sogar als Weiterbildungskurs anrechnen lassen. Falls Sie Geschäftsinhaber oder Geschäftsinhaberin sind, könnten Sie während der Arbeitszeit einen freiwilligen Kurs für christliche Achtsamkeit anbieten.

10. Enstehende Initiativen und Projekte

Vielleicht engagieren Sie sich bereits in Ihrer Gemeinde in einem Dienst für Menschen außerhalb der Kirche. Dann müssen Sie das Rad gar nicht neu erfinden. Sie leben bereits praktische Liebe. Falls Sie an einem solchen Punkt sind, können Sie sich vielleicht überlegen, wie die Menschen an diesen Orten mehr über Jesus lernen können.

Bei einem Mittagstisch, einer Gruppe für Trauernde oder einer anderen Anlaufstelle könnten Sie zum Beispiel direkt vor- oder nachher eine kurze freiwillige geistliche Reflexion einführen („für die geistliche Gesundheit"). Falls Ihre Gemeinde ein Café betreibt, könnten Sie die Gäste zu einem wöchentlichen Diskussionsabend über aktuelle Themen mit geistlichem Bezug einladen. Eine der Fragen, die Sie an diesen Diskussionsabenden stellen könnten, um einen Austausch anzustoßen, ist: „Falls es Gott gibt oder irgendeine bedeutende spirituelle Person jetzt hier wäre, was würden Sie zu unserem Thema sagen?"

Achtung!

Achten Sie darauf, einem Treffen nicht einfach Ihr christliches Programm überzustülpen, wenn der Zweck des Treffens eigentlich ein anderer ist. Sie können aber ein zweites Treffen nebenher anbieten. Fügen Sie dem Haupttreffen nur etwas hinzu, wenn Sie die Erlaubnis der gesamten Gruppe haben.

11. Wildwood Methodist Church, Florida

Im Frühjahr 2020 gehörten zu dieser Gemeinde in Florida 14 *potenzielle* und *tatsächliche* neue christliche *Communities* (tatsächlich bedeutet hier, dass die *Community* in der *Missional Journey* beim Schritt *Kirche entsteht* angekommen ist). Die folgenden *Communities* gehörten zur Gemeinde:

- *Arts for Love* (Liebe zur Kunst), wo sich Kunstliebhabende zu Gebet, Ausrichtung auf Gott und gemeinsamen künstlerischen Schaffen treffen.
- *Blessing Bags* (segnende Taschen), wo Teilnehmende gemeinsam beten

und Gottesdienst feiern, während sie Hilfreiches für Obdachlose sammeln und verteilen.

- *Burritos and Bibles* (Burritos und Bibeln), wo man sich bei *Moe's Southwest Grill* zu Burritos, Gebet, Bibellektüre und Eucharistie/Abendmahl trifft.
- *Church 3.1*, wo sich junge Berufstätige treffen, 5 km laufen, gemeinsam beten und über einige Bibelverse austauschen.
- *Connect* (Verbinden), ein Angebot für Kinder mit spannenden Spielen, Frühstück, Geschichten über Jesus und Gottesdienst im lokalen Gemeindezentrum.
- *Faithfully Fit* (Fit an Leib und Seele), wo sich Gesundheitsbewusste im Park zu Gebet, Andachten und einer Wanderung treffen.
- *Higher Power Hour* (Stunde für höhere Macht), eine Gruppe für geistlich Suchende, die gemeinsam geistliche Praktiken wie Gebet und Gedichte entdecken.
- *Mascara Mondays* (Mascara-Montag), wo sich einige Frauen in einem Café zu Gebet und Bibellektüre treffen.
- *Paws of Praise* (Pfoten des Lobs), eine Gruppe von Hundefreunden, die sich im Park zu Gebet, Lobpreis, Bibellektüre und Spielen treffen.
- *Shear Love at Soul Salon* (Salon für Haar und Seele), ein Pop-up-Friseursalon, der gratis Haarschneiden, Gebet und Bibellektüre anbietet.
- *Skate. Pray. Repeat* (Skaten – beten – wiederholen), ein Freundeskreis, der sich drinnen und draußen zum Inlineskaten trifft, gemeinsam betet und seinen Glauben an Christus teilt.
- *Tattoo Parlor Church* (Tattoostudio-Kirche), wo sich Teilnehmende religiöse Tattoos stechen lassen und gemeinsam Gottesdienst und Eucharistie/Abendmahl feiern.
- *Trap Stars for Jesus* (Sterne für Jesus fangen), wo ehemalige und tatsächliche Drogendealer lernen, wie man ein rechtmäßiges Geschäft aufbauen kann. Gemeinsam wird gebetet und in der Bibel gelesen.

Die *Wildwood-Kirche* mühte sich zuvor mit wenig Ressourcen und einer schwierigen Vergangenheit in einer armen Gegend ab. Nun kann man die Gemeinde mit einem Rad vergleichen: Mehrere *Communities* sind auf dem Rad entstanden, die Muttergemeinde in der Radnabe ist wiederbelebt und alle *Communities* sind durch Beziehungen untereinander verbunden.

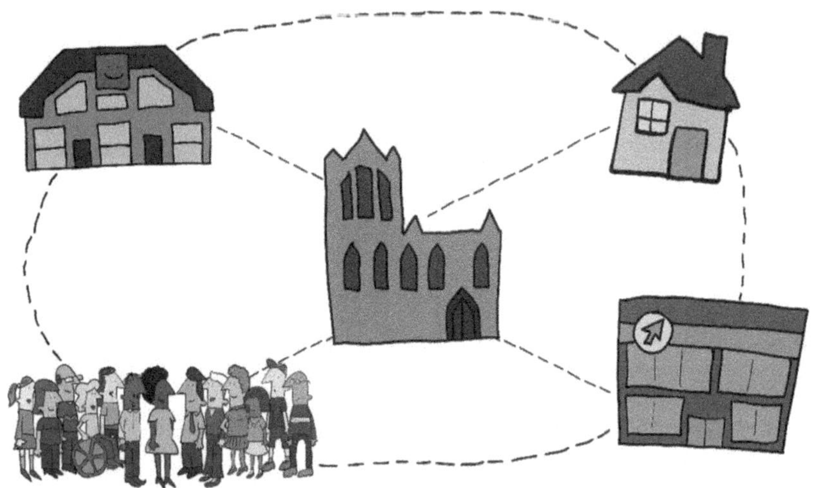

12. Immer noch keine Idee?

Sitzen Sie mit ein paar Menschen zusammen, trinken sie etwas und fragen sie sich, was in Ihrem Umfeld verbessert werden sollte. So müssen Sie nicht allein Ideen finden, sondern können mit Ihrem Umfeld *gemeinsam* auf Ideen kommen.

13. Der nächste Schritt

In Kapitel 11 und 14 finden Sie Vorschläge, wie Sie Ihre Ideen weiterentwickeln können.

Zum weiteren Austausch

Lektüre

Lesen Sie Matthäus 25,31-46 (Jesus identifiziert sich selbst mit den Schwächsten und Ärmsten der Gesellschaft).

- Wer sind die Schwächsten in dem Umfeld, dem Sie dienen möchten? Was heißt es in Ihrem Kontext, den Schwächsten essen zu geben, sie aufzunehmen, ihnen Kleidung zu geben, sich um sie zu kümmern und sie in ihrem Gefängnis zu besuchen?
- Welche Schwächen haben Sie, bei denen die Menschen in Ihrem Kontext Sie vielleicht sogar unterstützen können?

Stellen Sie sich vor …

Stellen Sie sich vor, dass, während Sie schlafen, ein Wunder geschieht und Ihr kühnster Traum für Ihren Kontext ist wahr geworden.

- Wer würde dies als Erstes bemerken? Wie würde das Wunder als Erstes sichtbar, hörbar, fühlbar?
- Stellen Sie sich eine Skala von 1 (sehr weit weg) bis 10 (das Wunder ist geschehen) vor. Wo befinden Sie sich jetzt auf dieser Skala? Was müsste geschehen, was müsste anders sein, damit Sie sich auf der Skala näher zum Wunder bewegen, und was geschieht im Moment, das Ihnen dabei hilft?

Keine Ideen?

Seien Sie nicht entmutigt und warten Sie geduldig, bis der Geist Ihnen irgendwann im Alltag einen Geistesblitz schenkt. Hier einige Beispiele:

- Ihr Team hat sich gerade getroffen und über eine Initiative für Jugendliche nachgedacht. Nun sitzen Sie im Bus und Ihnen kommt der Gedanke: „Was wäre, wenn wir die Jugendlichen mit einem Bus erreichen?"
- Oder am Abend gehen Sie zum Abendessen aus und denken sich: „Was wäre, wenn wir die Teenager zu einem Curry einladen?"

- Oder Sie kommen nach Hause und Ihre Familie schaut Fußball. „Was, wenn wir einen Fußballclub gründen?“
- Oder am nächsten Tag gehen Sie ins Büro. „Was wäre, wenn wir den Jugendlichen anbieten, in einen Job reinzuschnuppern?“

Sie können Sich als Team darauf einigen, dass alle beim nächsten Treffen drei Ideen mitbringen und diese dann zusammentragen. Listen Sie alle Ideen auf und fragen Sie sich, was gegen eine Idee spricht und was an der Idee gut ist. Welche Themen kommen auf und wie hilft Ihnen das dabei, herauszufinden, was für Sie dran ist? Dieser Prozess kann auch an mehreren Treffen der Hauptfokus sein.

Austausch

Mit wem könnten Sie Ihre Idee oder Ihre Ideen besprechen?

- Mit jemandem, für dessen Kontext Sie sich berufen fühlen, oder mit anderen, die in diesem Kontext Erfahrung haben?
- Mit jemandem mit Erfahrung in neuen christlichen *Communities* oder mit jemandem, der sich mit einer ähnlichen Bevölkerungsgruppe auskennt?
- Mit Menschen, die für Sie beten (haben Sie solche Menschen)?
- Mit guten christlichen Freunden oder Freundinnen, mit jemandem aus der Leitung? Oder mit Ihrer Mentorin, Ihrem Coach (haben Sie jemanden)?

Reflexion

Wenn Sie beginnen, Menschen zu dienen,

- werden Sie diese um Feedback bitten, sodass Sie sich verbessern können? Wie eifrig möchten Sie aus diesem Feedback lernen?
- werden Sie einige dazu ermutigen, Sie zu unterstützen oder sogar ins Team zu kommen und bei der Leitung der Initiative zu helfen?
- Wie weit ist diese Initiative *Ihr* Projekt und wie weit ist sie auch das Projekt *der Menschen, denen Sie dienen*? Wer hat die Macht?

10. Wie können wir lernen innovativ zu sein?

Etwas Neues schaffen

Sie möchten also die Menschen um sich herum lieben und ihnen dienen. Wie kann Ihnen der Heilige Geist dabei helfen?

Der Geist Gottes inspiriert immer wieder Menschen, etwas neu zu gestalten, mit dem Ziel, Gottes Reich der Liebe voranzubringen. Das Reich Gottes ist wie ein großes Fest, die Türen sind sperrangelweit offen für alle, die Hungernden werden satt, niemand geht mit leeren Händen nach Hause. Wie ein kleiner Same, der zu Beginn nicht vielversprechend aussieht, wächst das Reich Gottes zu einem riesigen Baum, wo Vögel sich niederlassen. Das Reich Gottes ist Innovation und Erneuerung für das gesamte Universum und der Geist verändert unsere Welt Schritt für Schritt, sodass sie mehr und mehr Gottes Wesen der Liebe widerspiegelt.

Bei Innovation geht es darum, etwas neu und originell zusammenzusetzen. Innovation verändert die Spielregeln, entweder radikal oder in einem allmählichen Prozess. *Ihre* praktische Liebe könnte die Spielregeln Ihres Umfelds in kleinem oder sogar sehr großem Ausmaß ändern. Gott ist der Innovator schlechthin und wir sind in seinem Bild geschaffen. Der Geist Gottes erneuert die Schöpfung auf neue Weisen und Gott lädt uns ein, Teil dieser Innovation zu sein. Wenn Sie also die Menschen um sich herum lieben und ihnen dienen möchten, bitten Sie den Heiligen Geist, Teil davon zu sein, und beginnen Sie die Innovation.

Und so können Sie beginnen: Beten Sie dafür, dass Gott Ihre Fantasie erweitert. Imitieren Sie nicht stur, was andere tun, sondern seien Sie bereit für Gottes Wirken, damit er Ihnen auch neue Wege zeigen kann. Innovation beinhaltet sechs überlappende Prozesse.

1. Unzufriedenheit

Heilige oder prophetische Unzufriedenheit ist unentbehrlich, denn ohne Unzufriedenheit mit der gegenwärtigen Situation, weil die Dinge nicht gut laufen oder viel besser sein könnten, würden Sie nichts Neues initiieren.

Das war die Erfahrung, die Caroline machte. Sie war Lehrerin im Nordwesten Londons und war umgeben von immer mehr Menschen, die ethnischen Minderheiten angehörten. Sie war frustriert, weil ihre Ortsgemeinde wenig Kontakt zu diesem Teil der Bevölkerung hatte. Diese Unzufriedenheit führte sie zum Entschluss, etwas dagegen zu unternehmen.

Das Alte muss sich als unzureichend offenbaren, bevor das Neue geboren werden kann.

2. Erforschen

Caroline begann zu überlegen, wie ihre Gemeinde mit der Nachbarschaft Kontakt aufnehmen könnte, und begann mit dem, was sie hatte: ***Wer war sie?*** *Eine Primarschullehrerin.* ***Was konnte und wusste sie?*** *Sie wusste, dass viele Mütter ihrer Schülerinnen und Schüler nicht gut Englisch konnten, und sie konnte unterrichten. Sie überlegte also, ihre Lehrkompetenzen zu nutzen und diesen Frauen zu helfen, besser Englisch zu lernen.* ***Wen kannte sie?*** *Menschen in Ihrer Gemeinde, die ihr helfen könnten. Sie überlegte sich verschiedene Möglichkeiten, bis sie schließlich von der Idee eines Sprachcafés erfuhr, bei dem man sich an runden Tischen zu Kaffee oder Tee hinsetzt und die Fremdsprachigen ermutigt, in Englisch miteinander über ein Thema zu sprechen.*

Caroline beschloss, keine Zeit mit Ideen zu verlieren, die ihren Rahmen sprengten. Sie startete auch nicht mit einer Initiative außerhalb ihres Know-hows, sondern nutzte, was sie bereits wusste und konnte. Dann erzählte sie die Idee anderen, hörte zu, wie sie auf ihre Story reagierten, und startete ein Experiment.

3. Storytelling[10]

Caroline erzählte die Story ihrem Umfeld, um einen Sinn dafür zu vermitteln, was sie tat. Die Story gestaltete sich je nach Publikum etwas anders. In Ihrer Gemeinde erzählte sie: „Über hundert Jahre schon unterstützen wir Missionare im Ausland. Das Ausland klopft nun an unsere Haustür. Was ist hier unser Auftrag?" Den Müttern sagte sie: „Willkommen hier in London. Kommen Sie zu einem Tee vorbei und lernen Sie Englisch." Zu sich selbst sagte sie: „In Jesus zeigte Gott sich den Menschen, wir möchten nun etwas Ähnliches versuchen."

Wussten Sie, dass Menschen sich einer Story eher anschließen als einer Leitung? Erzählen Sie Ihre Storys also bewusst. Hören Sie Ihrem Publikum gut zu, finden Sie heraus, was es mag, und gestalten Sie Storys, die sich ans Publikum anpassen, aber trotzdem dasselbe aussagen und sich auf Ihre Schwerpunkte beziehen.

4. Die STORY verbreiten

Wenn eine Story Menschen anspricht, verbreitet sie sich und motiviert andere, Teil davon zu sein. Sie breitet sich aus.

In Carolines Fall erzählte vielleicht eine Mutter anderen von diesem Angebot, bei dem man donnerstags umsonst Tee und Hilfe beim Englischlernen bekam. Diese Story war gut und zog Menschen an.

Gestalten Sie Ihre Story unwiderstehlich. Am besten erzählen Sie die Story einigen Personen, achten auf deren Reaktion und passen die Story deren Vorbehalten an. Diesen Prozess können Sie einige Male durchführen, bis Ihre Story auf Begeisterung trifft. Vergessen Sie die „Kinder des Friedens" nicht (Lukas 10,6), die viele Menschen kennen und Ihre Story

[10] Anm. d. Übers.: „Storytelling" bedeutet wortwörtlich übersetzt „Geschichtenerzählen". Mehr zum Begriff „Story" finden Sie in Kapitel 7.5.

weitererzählen werden. Suchen Sie sich jemanden mit vielen Kontakten und erzählen Sie dieser Person Ihre begeisternde Story, die sich wie ein Lauffeuer verbreiten wird.

5. Rand des Chaos

Der Rand des Chaos bezeichnet die Grenze zwischen Ordnung und Chaos. Bei zu viel Ordnung bleibt man stecken. Wenn hingegen alles aus Veränderung besteht, ist die *Community* nur noch Chaos und man kommt nicht mehr zurecht. Aber auch zu viel Struktur ist kontraproduktiv, denn zu viel Ordnung wirkt fad und gute Gelegenheiten werden verpasst.

Im Beispiel von Caroline hätten die Treffen am Donnerstag zu einer unveränderbaren Routine führen können: ankommen, Tee trinken, Englisch sprechen, aufräumen. Aber Caroline wollte mehr. Sie schaute, dass die Community am Rande des Chaos blieb. Nach einem interessanten Gespräch stellten sie und ihr Team zum Beispiel eine Gebetswand auf, wo die Mütter ihre Gebetsanliegen aufhängen und über sie sprechen konnten. Dadurch erhielt christliche Spiritualität im Café mehr Raum und erste Schienen waren gelegt für einen separaten Alphakurs. Das Café entwickelte sich weiter, weil Caroline nicht stecken bleiben wollte.

6. Transformation

Durch Innovation und Erneuerung werden alle Beteiligten verändert.

Einige Mütter nahmen am Alphakurs teil und trafen sich nach Abschluss des Kurses weiterhin zur gemeinsamen Bibellektüre. Die freiwilligen Helferinnen und Helfer und auch Caroline wurden selbstsicherer, denn vor der Gründung des Cafés sah sie sich eher als jemand in der Kirchenbank, der Geld spendet. Nach der Gründung wusste sie, dass sie auch etwas Neues leiten konnte. Ihre Ortsgemeinde gewann Zuversicht, missionarisch aktiv zu werden, und gründete später eine Messy Church und eine Schuldnerberatung.

Innovation ist nicht unbedingt eine Gefahr für Tradition, sie kann der Tradition erlauben, sich auf andere Arten auszudrücken.

7. Die Mentalität der Innovation

Unzufriedenheit, Erforschen, Storytelling, die Story verbreiten, Rand des Chaos und Transformation sind Prozesse, die sich überlappen und auf jede Form und Größe von Innovation zutreffen. Aus ihnen besteht die Mentalität der Innovation, die Sie vermutlich benötigen werden, um die Menschen um sich herum zu lieben. Diese Mentalität unterscheidet sich stark von der Managementmentalität.

Innovationsmentalität	**Managementmentalität**
• Unzufrieden mit der momentanen Situation	• Vereinfacht die momentane Situation
• Improvisation	• Treue gegenüber gesteckten Zielen
• „Scheitern“ als Lernprozess	• Vermeidung von Fehlern
• neue Storys schaffen	• Innerhalb der Story der Organisation bleiben
• Feedback der Menschen im Umfeld erwünscht	• Holt die Erlaubnis von höherer Stelle ein
• Rand des Chaos	• Sicherheit
• Bestehendes verändern	• Bestehendes leiten

Im Endeffekt sind beide Mentalitäten wichtig. Je nach Situation brauchen Sie beide.

Zum weiteren Austausch

Das ganze Universum

Denken Sie im Gebet über den folgenden Satz nach: Das Reich Gottes ist Erneuerung für das gesamte Universum.

- Was begeistert Sie an dieser Aussage? Was fordert Sie heraus? Welche Vorbehalte haben Sie?
- Welche Beispiele kommen Ihnen dazu aus der Bibel und der Kirchengeschichte in den Sinn?
- Welche Auswirkungen schließen Sie daraus für Ihre *Organised Love*?

Ihr Kontext

Besprechen Sie, womit Sie in Ihrem Kontext unzufrieden sind.

Erforschen

Besprechen Sie, was Sie am Prozess des Erforschens anspricht. Was könnte Ihr Kernteam aufgrund dieses Prozesses anders machen?

Storytelling

Was löst die Aussage, dass Menschen sich eher Storys als einer Leitung anschließen[11], bei Ihnen aus? Sprechen Sie über Ihre Reaktionen.

- Wie kann Storytelling dabei helfen, etwas Neues zu schaffen? Wie könnte eine gute Story aussehen?
- Was ist die Story Ihrer Initiative? Wie könnten Sie Ihre Story und deren Formen verbessern?

Innovation vs. Management

- Wo ist die Mentalität der Innovation geeignet, wo eher die Mentalität des Managements? Zu welcher Mentalität fühlen Sie sich hingezogen?

[11] Der Satz entstammt dem Buch *Leading by Story* (Vaughan S. Roberts und David Sims, SCM Press, 2017).

- Was Sind Ihre Schwerpunkte in den nächsten Monaten und welche der beiden Mentalitäten wären am hilfreichsten für das Erreichen dieser Ziele?
- Wie können Sie dafür sorgen, dass beide Mentalitäten gut zusammen funktionieren?

Gemeinschaft entsteht

11. Wie werden wir zu einer Gemeinschaft?

Ein Zuhause für alle Teilnehmenden

Jeden Tag sehen wir Verkäufer, Busfahrerinnen, Arbeitskollegen und viele andere Menschen.

Die meisten kennen wir nicht wirklich, wir wissen nur, was sie arbeiten. Wir kategorisieren die Menschen um uns herum, ohne über ihre Familien, Interessen und anderes, was ihre Identität ausmacht, nachzudenken. Das ist zwangsläufig so, aber genau deswegen fühlt es sich manchmal so an, wie wenn wir nur für das bekannt sind, was wir tun, statt wer wir wirklich sind. Und tatsächlich kennen uns die meisten Menschen gar nicht gut. Jesus und die Jüngerinnen und Jünger um ihn herum lebten eine Gemeinschaft, in der sie sich wirklich kennenlernten. Und er möchte, dass auch wir *Communities* haben, wo alle Menschen als die erkannt und geliebt werden, die sie sind. Gemeinschaft sollte eine Priorität sein.

1. Das Geheimnis der Gemeinschaft

Gastfreundschaft ist der Schlüssel zu Gemeinschaft. Damit ist aber mehr gemeint als nur neue Ankömmlinge willkommen zu heißen. Gastfreundschaft ist eine tief verwurzelte konstante Haltung des freudigen Aufnehmens anderer. In einer gesunden Gemeinschaft fühlen sich Neuankömmlinge sowie langjährige Mitglieder zu Hause, man kennt und liebt sich mit allen Fehlern und Schwächen. Je mehr Zeit Menschen miteinander verbringen, desto eher fühlen sie sich zugehörig.

Wie könnten Sie und die Mitglieder Ihrer Gruppe oder Initiative mehr Zeit miteinander verbringen? Wenn Sie sich zum Beispiel einmal im Monat treffen und die Teilnehmenden zu beschäftigt sind, um häufiger zusammenzukommen, wie könnten Sie sich dazwischen online sehen?

- Sie könnten eine WhatsApp-Gruppe eröffnen, um Neuigkeiten und Ansichten auszutauschen. Falls die Chat-Mitglieder Interesse an Spi-

ritualität haben, könnten Sie einmal in der Woche ein kurzes Gebet (sensibel formuliert) mit Ihren eigenen Anliegen in die Gruppe schicken und andere dazu einladen, ihre Gebetsanliegen auch zu teilen.
- In einer generationenübergreifenden Gemeinschaft könnte jemand von der Leitung einmal die Woche über Zoom eine Gutenachtgeschichte aus der Bibel erzählen und danach kurz beten. Machen Sie kleine Schritte, also kurze und regelmäßige Treffen, die dann auch durchgehalten werden können. Auch wenn am Anfang nur ein oder zwei Personen teilnehmen, wird sich die Nachricht rasch verbreiten und andere anziehen.
- Sie könnten sich online einmal wöchentlich für einen kurzen geistlichen Input treffen. Dazu könnten Sie religiöse Kunst oder andere Gegenstände nutzen, Musik abspielen, in Stille über etwas nachdenken, ein Gedicht, einen Text aus der Bibel oder etwas anderes vorlesen oder in Stille (oder im Chat) beten. Am Schluss können Sie ein Gebet vorlesen (beten Sie auch hier mit Fingerspitzengefühl).

Bei anderen Initiativen bewährten sich außerdem regelmäßiges gemeinsames Essen, ein Filmabend oder Ähnliches und Tages- oder Wochenendausflüge. Was kommt Ihnen sonst noch in den Sinn?

Fördern Sie Einzelbeziehungen, indem Sie die Teilnehmenden ermutigen, einander Fragen zu stellen, die ihnen helfen, sich besser kennenzulernen. Überlegen Sie gemeinsam, was solche Fragen sein könnten, indem Sie das untenstehende Akronym nutzen. Schlagen Sie den Teilnehmenden vor, dass sie sich die Fragen zuerst selbst stellen und sich dann überlegen, ob sie sich eignen, auch jemand anderem in der Initiative gestellt zu werden. Bitten Sie die Teilnehmenden auch, sich zu überlegen, wie sie die Antworten nutzen würden, um weitere Schritte zu gehen. Sie könnten die Person danach zum Beispiel mit jemandem bekannt machen, der dieselben Interessen hat. Vielleicht braucht diese Person auch in irgendeiner Weise Unterstützung. Oder vielleicht gibt es Sorgen, die mehrere teilen und über die man sich gemeinsam austauschen könnte.

Das Akronym PRAISE kann für fruchtbare Fragen von Hilfe sein:
Pastimes (Freizeit):
- Was hast du letztes Wochenende gemacht?
- Wofür interessierst du dich? Was sind deine Hobbys?
- Wie verbringst du am liebsten deine Zeit?

Relationships (Beziehungen):
- Erzähl mir über deine Familie.
- Mit wem verbringst du am liebsten Zeit?
- Welche Beziehungen sind für dich besonders herausfordernd?

Anger and anxiety (Wut und Angst):
- Worüber wirst du besonders wütend oder frustriert? Fühlst du in dieser Situation auch Angst?
- Worüber machst du dir im Moment besonders Sorgen?

Institutions (Organisationen):
- Welchen Gruppen und Organisationen gehörst du an? Welche besuchst du (oder auf welche bist du angewiesen)?
- Welche Organisationen haben dich im Stich gelassen?

Satisfaction (Zufriedenheit/Freude):
- Worüber freust du dich am meisten?
- Wie zufrieden bist du mit deiner Nachbarschaft oder mit deinem Job? Was müsste geschehen, damit du zufriedener bist?
- Wo siehst du dich in drei Jahren (bezogen auf die Arbeit oder ganz allgemein)?

Events (Ereignisse/Momente):
- Was ist das Lustigste oder Überraschendste, das dir jemals passiert ist?
- Welche Ereignisse haben dich als Person geprägt?

- Wenn du dein Leben nochmals leben könntest, würdest du etwas ändern? Falls ja, was?

2. Ein „heimlicher Lehrplan" für mehr Gastfreundschaft

In Schulen gibt es den sogenannten heimlichen Lehrplan. Dabei handelt es sich um die implizite Vermittlung von Werten durch den Schulalltag. Dieser Lehrplan wird nicht aufgeschrieben, ist inoffiziell und wird oft auch unabsichtlich vermittelt. Ihre *Gemeinschaft* hat auch eine Art heimlichen Lehrplan. Wie absichtlich und klar vermitteln Sie diesen?

Vermittelt Ihr heimlicher Lehrplan zum Beispiel großzügige Gastfreundschaft? Leben die Teammitglieder so, dass sich Teilnehmende zu Hause fühlen? Hört das Team aufmerksam zu, wenn andere etwas erzählen, und werden Beziehungen so tief gelebt, wie es sich die anderen Personen wünschen? Sehen sich die Teilnehmenden als etwas Besonderes, weil zum Beispiel wichtige Ereignisse und Erfolge ihres Lebens gefeiert werden? Leben die Teammitglieder nicht nur Sympathie, sondern auch geduldige Empathie?

Es gibt verschiedene Stufen der Gastfreundschaft.

3. Stufe eins: Willkommen in meinem Zuhause

Auf dieser Stufe wird man eingeladen: „Komm in mein Zuhause und iss mit mir das Essen, das ich für dich gemacht habe."

Ist dies die Stufe, auf der Sie sich befinden? Sie hörten auf Gott und die Welt, hatten eine Idee, um zu lieben und zu handeln, und nun entsteht langsam *Gemeinschaft*. Obwohl Sie andere um Hilfe gebeten haben, ist dies grundsätzlich Ihre Initiative. Gastfreundschaft heißt, andere zu etwas einzuladen, das man aufgebaut hat. Das ist wahrscheinlich unvermeidbar, denn ohne Ihre Initiative würde die neue *Gemeinschaft* nicht existieren. Aber dies ist erst der Anfang.

4. Stufe zwei: Mein Zuhause wird zu deinem Zuhause

Es ist eine Sache, Menschen in seinem Zuhause unter bestimmten Bedingungen willkommen zu heißen, eine ganz andere aber zu sagen: „Das ist jetzt dein Zuhause." Mit dieser tieferen Gastfreundschaft heißt uns Gott willkommen. In Genesis 2 schuf Gott den Garten, übergab ihn aber an Adam und Eva. Sie kümmerten sich um den Garten so, wie sie es wollten und für richtig hielten. Mit Ausnahme einer Anordnung (die verbotene Frucht nicht zu essen) machten sie die Regeln selbst. Der Garten wurde zu ihrem Garten.

Tim Mitchell gründete eine Mehrgenerationen-Community in East Midlands (England). Einige unter 40-Jährige sagten ihm, dass sich die Community für sie erst als „ihre" Community anfühlen würde, wenn sie auch mitleiten konnten. Also begann er, alle, die wollten, in die Leitung einzubeziehen. Sogar Agnostikerinnen und Atheisten konnten bei den Vorbereitungen helfen und die Zeiten der Ausrichtung auf Gott leiten. Sie waren ähnlich wie Jitro und Rahab im Alten Testament. Sie waren nicht aktiv Teil von Gottes Volk, aber leisteten in der Geschichte einen wichtigen Beitrag (siehe Exodus 18 und Josua 2).

Tim erzählte, dass das Einbeziehen von Nichtkirchenbesuchenden deren Beziehung zu Christus stark förderte. Als er gefragt wurde, wie viele Atheistinnen und Agnostiker momentan in seiner Community seien, antwortete er: „Nicht viele, die meisten sind zum Glauben gekommen." Seine Community teilte sich nicht auf in „die" und „wir", sondern alle konnten sich einbringen.

Teil von etwas zu sein vertieft die *Gemeinschaft*. Sehen Sie Ihre *Community* als Geschenk Gottes an Sie und an die Menschen, denen die *Community* dient. Ein Geschenk ist nur ein Geschenk, wenn es losgelassen wird. Stellen Sie sich vor, ein Weihnachtsgeschenk würde überhaupt nicht übergeben werden. Wäre es dann trotzdem ein Geschenk? Lassen Sie also das Geschenk der *Gemeinschaft* los, geben Sie sie in die Hand der Mitglieder und lassen Sie diese leiten. So wird sie zu einer echten *Community* und zu einem Geschenk. Und das ist noch nicht alles.

5. Stufe drei: Mein Zuhause wird zu Gottes Zuhause

Bei dieser letzten Stufe wird Gott zum Gastgeber und die Mitglieder werden Gottes Gäste. In Lukas 12,37 vergleicht sich Jesus mit einem wohlhabenden Herrn, der nach Hause zurückkehrt. Seine Dienerschaft möchte sein Essen vorbereiten, auftischen und danach aufräumen. Aber der Herr dreht den Spieß um und kocht, bedient und wäscht *selbst* ab. Der Herr wird für seine Arbeitnehmenden zum Gastgeber und bedient sie persönlich.

Jesus sagte: „Ich nenne euch nicht mehr Knechte" – sondern Freunde (Johannes 15,15). Lassen Sie Ihre *Community* durch Jesus führen, lassen Sie ihn den Ton angeben und folgen Sie seinem Beispiel, seinen Freunden zu dienen. Fördern Sie einen liebevollen Dienst in der ganzen *Community* und prägen Sie Ihren „heimlichen Lehrplan". Schlagen Sie vor, im Alltag Gewohnheiten einzuüben, welche die Mitglieder ermutigen, sich ein Vorbild an Christus zu nehmen und füreinander da zu sein, so wie für gute Freunde.

Die Mitglieder könnten zum Beispiel während einer Woche für die eine bestimmte Person aus der *Community* beten (oder positive Gedanken haben), in der nächsten Woche dann für eine andere. Oder sie könnten sich einmal im Monat mit mindestens einer Person aus der *Community* zu einem Kaffee verabreden. Oder man könnte sich über WhatsApp austauschen und aushelfen, falls jemand etwas braucht („Hat jemand einen Rasenmäher, den ich ausleihen könnte?").

Die *Community* befindet sich auf einer Reise von „meinem Zuhause" zu „deinem Zuhause" zu „Gottes Zuhause". Wo befinden Sie sich auf der Reise?

Zum weiteren Austausch

Austausch

Lesen und besprechen Sie Apostelgeschichte 2,42-47 (die ersten Christen).

- Wie würde Ihre neue *Community* aussehen, wenn sie dieselben Eigenschaften wie die im Text beschriebene *Gemeinschaft* hätte?
- Was müsste sich in der Realität noch ändern, damit Ihre *Gemeinschaft* der Stelle (insbesondere den Versen 44-47) eher entspricht? Was würden Sie als Erstes ändern, damit Ihre *Gemeinschaft* sich in diese Richtung bewegt?

Gemeinschaft bauen

Tauschen Sie sich aus, was es für Ihre Initiative heißt, *Gemeinschaft* zu bauen. Besprechen Sie folgende Fragen:

- Wo sehen Sie in den Handlungen der Teilnehmenden, dass sie beginnen, sich zu Hause zu fühlen?
- Was zeigt Ihnen, dass die Teilnehmenden sich umeinander kümmern?
- Welche Wege zur Leiterschaft gibt es?
- Was möchten Sie im Zusammenhang mit den vorherigen Fragen am stärksten verändern?

Besuch

Laden Sie einen weisen Christen oder eine erfahrene Christin in Ihre *Community* ein und bitten Sie diese Person, Ihnen Feedback zu den beobachteten Stärken und Schwächen zu geben. Vielleicht macht der Besuch Ihnen Vorschläge, wie Sie Ihr Gemeinschaftsleben vertiefen könnten. Sie können zum Beispiel gemeinsam eine SWOT-Analyse Ihrer *Community* durchführen: Was sind die Stärken (**s**trengths), Schwächen (**w**eaknesses), Chancen (**o**pportunities) und Risiken (**t**hreats) Ihrer *Community*?

Den Glauben an Jesus Christus teilen

12. Warum den Glauben teilen?[12]

Eine Begründung

[12] Dieses Kapitel ist stark von Cate Williams inspiriert (mehr dazu auf https://sharingjesus.life).

Die drei Schritte *Auf Gott und die Welt hören, Lieben und handeln* und *Gemeinschaft entsteht* sind gut und wichtig. Aber hören Sie da nicht auf.

Viele Nichtchristen und Nichtchristinnen leben auch Gemeinschaft, aber Gott gibt uns ein zusätzliches Geschenk, das wir anderen weitergeben können, und zwar das Leben mit Christus. Dieses wertvolle Geschenk können nur Menschen weitergeben, die Jesus nachfolgen. Es ist wertvoll, weil die Gemeinschaft mit Jesus das Zentrum des Reiches Gottes bildet. Beenden Sie Ihre Reise also nicht zu früh und finden Sie Wege, wie Sie anderen die Gemeinschaft mit Christus weitergeben können. Beginnen Sie mit dem höchsten Gebot und lieben Sie andere. Halten Sie sich danach an den Auftrag Christi und bringen Sie sich in Gottes Plan für die Welt ein. Machen Sie Menschen zu Jüngerinnen und Jüngern und unterstützen Sie sie auf ihrem Weg zu entdecken, wer Jesus ist.

1. Mehr Auswahl

Den Begriff *Evangelisation* (abgeleitet vom griechischen Wort für „gute Nachricht") finden viele unattraktiv, da es das Bild vermitteln kann, dass Christinnen und Christen andere dazu zwingen würden, dasselbe wie sie zu glauben. Aber Jesus zwang niemanden, er öffnete einfach die Augen für Möglichkeiten.

Bei Evangelisation geht es nicht darum, das Christentum gut dastehen zu lassen, sondern darum, Menschen zu zeigen, dass es Auswahlmöglichkeiten gibt, die sie bis jetzt nicht in Betracht gezogen hatten. Als wenn man vor einem Regal voller kostenloser und gesunder Lebensmittel stünde, die man noch nie zuvor gesehen hat, zeigen Sie anderen Menschen ein ganzes Regal voller geistlicher Möglichkeiten, wenn Sie Ihren Glauben an

Jesus teilen. Seien Sie dabei niemals manipulativ, denn das wäre das Gegenteil von mehr Auswahl.

2. Dolmetschen statt überreden

Unser Ziel sollte nicht sein, dass wir andere zum Christsein *überreden*, dies kann unter Druck setzen und fühlt sich unnatürlich an. Den Glauben an Jesus Christus zu teilen kann eher mit der Tätigkeit des Dolmetschens verglichen werden. Sie zeigen anderen, wie man Jesus verstehen kann. Wie ein Dolmetscher oder eine Dolmetscherin eine Sprache in eine andere übersetzt, übersetzen wir Christinnen und Christen den Glauben in die „Sprache" der Menschen um uns herum. Sie müssen nicht versuchen, andere durch scharfsinnige Argumente zu überzeugen – erzählen Sie anderen einfach, was Ihr Glaube für Sie bedeutet, und hören Sie Ihren Gesprächspartnern zu, was deren Überzeugungen sind.

Auch Jesus war Dolmetscher, er übersetzte das Reich Gottes in Geschichten, die für sein Publikum verständlich waren. Dabei überrannte er die Menschen nicht einfach, sie waren frei zu reagieren, wie Sie wollten.

3. Ein gutes Angebot

Wenn Sie einmal ein gutes Angebot finden, erzählen Sie dies natürlich weiter. Genauso funktioniert Evangelisation. Wir erzählen anderen immer wieder Dinge, die uns etwas bedeuten. Teilen Sie Ihren Glauben wie ein lukratives Angebot, als gute Nachricht. Dadurch erzählen Sie anderen von einer Möglichkeit, die sie sonst nicht hätten. So zeigen Sie Ihre Liebe für die Menschen. Wenn Sie daran glauben, dass Christus ein gutes Angebot ist, warum sollten Sie anderen nicht davon erzählen.

Bei Evangelisation geht es darum, an Gottes Großzügigkeit teilzuhaben. Jemand übermittelte Ihnen das Geschenk des Lebens mit Jesus, das Sie nun anderen Interessierten weitergeben können. Helfen Sie also Menschen, den Glauben zu entdecken, genauso wie Sie einen guten Friseursalon oder einen Film empfehlen würden.

4. Was genau ist das Angebot?

Kurz gesagt ist das gute Angebot die Liebe Gottes in Christus, die sich in der ultimativen Geschichte Gottes mit der Menschheit zeigt. Die Geschichte der Liebe Gottes beginnt mit der Schöpfung, die uns daran erinnert, dass die Natur für Gott wichtig ist. Dem folgt die Geschichte vom „Sündenfall", mit der Trennung der Menschheit von Gott. Gott zeigt seine Liebe jedoch weiterhin in der Beziehung zu Israel und der Kirche. Im Leben. Im Tod und in der Auferstehung Jesu bündelt sich die Liebe Gottes und erfüllt sich am Ende der Zeit, wo Christus alles zur Vollkommenheit führt.

Evangelisation lädt Menschen dazu ein, ihren Platz in dieser großen Geschichte, in der Beziehung zwischen Gott und der Schöpfung, einzunehmen. Sie lädt zu einer tiefen lebensspendenden Beziehung mit Gott und seinem Volk und zur Mitarbeit im Plan Gottes für eine bessere Welt ein. Das Ziel des Christseins ist keine individuelle Verpflichtung, sondern das große Bild, das ganze Werk Gottes. Und wir laden andere dazu ein, in dieser Geschichte eine Rolle zu übernehmen, wodurch sie als Einzelne gesegnet werden und Gottes Plan für diese Welt sich verwirklicht.

5. Perspektivenwechsel

Die Geschichte Gottes mit der Welt hat auch mit der Kirche zu tun, die mithilfe des Geistes das Reich Gottes wachsen lässt und so die Welt verändert. Dazu lesen wir die Bibel und andere christliche Texte, damit wir die Welt mit Gottes Augen sehen und so unser Leben bereichern können. In der Kirche lernen wir, uns als Gottes Mitarbeiter dafür einzusetzen, dass es der Schöpfung gut geht, dass unsere lokalen *Communities* gedeihen, dass Menschen nicht unter Ungerechtigkeit leiden und Arme sowie Menschen am Rande der Gesellschaft gesegnet werden. Unsere Hoffnung geht über das hinaus, was wir direkt vor uns sehen, und wir werden getragen durch Gebet. Evangelisation lädt Menschen dazu ein, Teil dieser Bewegung einer positiven Veränderung der Welt zu sein – Teil der Kirche, wo wir mit Gott, seiner Geschichte und anderen Menschen verbunden sind, die dieselbe Hingabe teilen. Die Gemeinde ist der Ort, wo wir für die Veränderung ausgerüstet werden.

6. Andere Geschichten

Gottes Geschichte ist nicht die einzige, die erzählt wird. Es werden auch andere, weniger lebensbejahende Geschichten erzählt:

- Unser Wert hängt von unserem Aussehen, unserem Einkommen oder dem ab, wofür wir unser Geld ausgeben.
- Einige Menschen haben mehr Wert als andere.
- Die Natur ist, außer zur Stillung unserer Bedürfnisse, für uns Menschen unwichtig.

Evangelisation lädt Menschen dazu ein, sich von diesen negativen Geschichten loszureißen und durch Christus frei zu sein, damit sie sich in etwas Größeres als sie selbst, in etwas Positives und Lebenspendendes einreihen können. Die Geschichte Gottes mit der Menschheit ist eine Alternative zu diesen Geschichten. Es geht um eine Weitung der Lebensperspektive.

7. Dringlichkeit

Evangelisation ist nicht einfach eine zusätzliche Option für uns, denn die heutige Welt kämpft mit vielen dringenden Herausforderungen, wie zum Beispiel Klimawandel, globaler Armut, der Zunahme psychischer Erkrankungen und vielem mehr. Wenn wir daran glauben, dass Christus in diesen Herausforderungen etwas zu sagen hat, können wir selbst nicht einfach still bleiben. Als Arzt oder Ärztin wäre es auch nicht verantwortungsvoll, kranke Patientinnen oder Patienten auf eine wirksame Behandlung nicht aufmerksam zu machen und ihnen so wichtige Optionen vorzuenthalten.

8. Demütige Evangelisation

Trotz der Dringlichkeit zeichnet sich Evangelisation durch Demut aus. Obwohl wir behaupten, dass Christus Antworten für die Herausforderungen der Menschen und dieser Welt hat, haben wir die Weisheit nicht für uns gepachtet. Es gibt auch Menschen mit anderen Überzeugungen und Weltanschauungen, die mit uns auf dieser Welt unterwegs sind. Auch von ihnen sollten wir lernen, besonders von den Menschen, denen wir die Liebe Gottes weitergeben möchten. Wir sollten die Hoffnung haben, dass alle Gesprächsteilnehmenden dadurch bereichert werden.

Anders ausgedrückt: Bei der Evangelisation geht es um einen Dialog, ein wechselseitiges Gespräch. Vertrauen Sie dem Heiligen Geist, dass er in den Gesprächen das bewirkt, was er möchte.

9. Worte und Werke

In der Geschichte Gottes mit der Welt spielen alle Menschen des Volkes ihre Rolle.

Im Normalfall beginnt man am besten mit praktischen Aktivitäten. Später kann Evangelisation besonders in den folgenden Gesprächsthemen einen Platz einnehmen:

- Was uns inspiriert
- Wie wir trotz Hoffnungslosigkeit in dieser Welt Hoffnung haben
- Wie man trotz Rückschlägen und Enttäuschungen die Motivation behält

Vielleicht merken Sie, dass es Ihnen leichtfällt, über Christus zu sprechen. Dann können Sie gleich damit beginnen und Ihren Worten Taten folgen lassen, damit Ihr Umfeld Gott sieht.

Beide Wege, Worte und Taten, hängen zusammen, damit Gottes Plan ausgeführt wird und die Welt zum Gedeihen gebracht wird.

Zum weiteren Austausch

Austausch

- Was ist Ihre Reaktion auf dieses Kapitel?
- Wie lernten Sie den christlichen Glauben kennen? Was lernen Sie aus den Antworten Ihrer Gruppe zu dieser Frage?
- Was könnte Sie hindern, was dazu ermutigen, anderen von Christus zu erzählen?

Lektüre

Lesen Sie Matthäus 28,16-20 (Christi Auftrag zur Teilhabe an Gottes Plan für die Welt).

- Wurde dieser Auftrag nur an die elf Jünger gegeben oder auch uns?
- Was bedeutet es, „alle Völker zu Jüngern" machen?
- Was bedeutet die Stelle „einige aber zweifelten" im Vers 17? Welche Zweifel haben Sie? Wie antwortete Jesus auf die Zweifel seiner Jünger? Wie könnte er auf Ihre Zweifel antworten?

Freundeskreis

Fragen Sie in Ihrem Freundeskreis, der nicht in die Kirche geht, was für sie *attraktiv* daran wirkt, Jesus nachzufolgen.

- Was wird am meisten erwähnt? Und was ist das Wichtigste, das von ihnen nicht erwähnt wird?
- Was schließen Sie daraus, wie Sie Ihren Glauben an Jesus teilen sollten?

Fragen Sie in Ihrem Freundeskreis, der nicht in die Kirche geht, was sie am Leben mit Jesus *unattraktiv* finden.

- Was wird am meisten erwähnt?
- Wo sind Sie derselben Meinung wie Ihre Freunde? Was könnten Sie tun und sagen, damit Jesus auf eine Art weitergegeben wird, die diesen Vorbehalten begegnet?

13. Was ist Ihre *Theory of Change?*

Los geht's

Jesus schenkt uns ein Leben im Überfluss: Er heilt Menschen, baut Gemeinschaften mit lebensbejahenden Beziehungen auf und kündigt eine neue Gesellschaft an, in der es allen gut gehen wird.

Jesus ruft seine Jünger auf, andere zu Jüngern zu machen, sodass dieses reiche Leben die gesamte Erde erfüllt (Matthäus 28,19). Aber wie funktioniert das? Dazu brauchen wir *Theory of Change.*

1. Ein Beispiel

Die Leitung der Kirche St Laurence in Reading (England) kannte viele Jugendliche, die kaum kirchlichen Hintergrund hatten und von denen auch nur wenige Christen wurden. Jemand aus der Gemeindeleitung ermutigte die Jugendlichen dazu, aufzuzeichnen, was sie tun wollten. So entstand folgendes Diagramm.

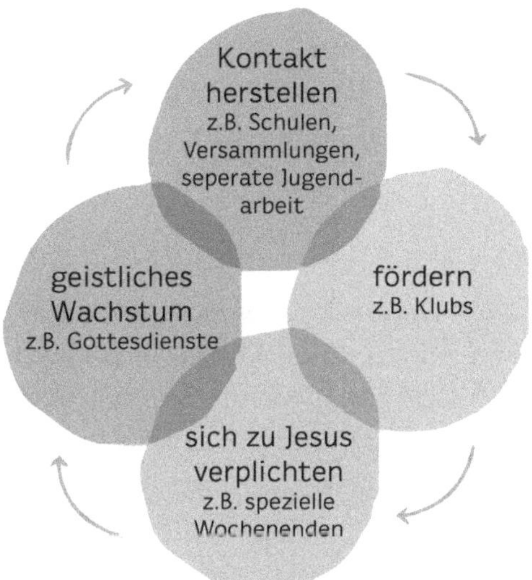

Die Schritte „Kontakt herstellen" und „fördern" funktionierten gut, aber der Schritt „sich zu Jesus verpflichten" wurde noch nicht genügend unterstützt. Also wurden auf diesen Zweck ausgerichtete Wochenenden organisiert, die als Ergebnis eine christliche Community von fast 50 Jugendlichen hervorbrachten, die in ihrer Beziehung mit Christus wuchsen.

Durch ein Rahmenkonzept, wie Veränderungen geschehen, sah die Leitung, wohin sie sich bewegte, welche Ideen nicht gut funktionierten und wo es noch Lücken gab. Dadurch wurde ihnen zum Beispiel klar, dass der Weg von einigen Treffen zu diesen Wochenenden ein großer Schritt war, also versuchten sie dazwischen kleinere Schritte einzubauen.

2. Die Missional Journey

Viele Teams nutzen heute die *Missional Journey* als Orientierung für ihre *Theory of Change*. Die Erklärung der *Missional Journey* finden Sie im Kapitel 1. Sie können sich die sechs Schritte anschauen und sich fragen, bei welchem Schritt Sie sind, was Sie daran hindert, zum nächsten Schritt weiterzugehen, und was die Vorteile dieses Schritts sind. Die drei Schritte *Auf Gott und die Welt hören*, *Lieben und handeln* und *Gemeinschaft entsteht* bauen Vertrauen auf. Dies ist notwendig, um Jesus besser kennenzulernen. **Diese drei Schritte sollten also Ihre erste Priorität sein.**

Achtung!

Jeder der ersten drei Kreise hat seinen eigenen Wert. Betrachten Sie sie also nicht nur als Trittsteine, um die Botschaft von Jesus weiterzugeben. Wenn der Geist die Tür zum nächsten Kreis öffnet, gehen Sie hindurch. Wenn nicht, genießen Sie den Ort, an dem Sie sich befinden, als ein Geschenk Gottes.

3. Brücken bauen

Es gibt vier Arten, wie man zwischen *Gemeinschaft entsteht* und *Den Glauben an Jesus Christus teilen* eine Brücke bauen kann.

Gründen Sie, neben Ihrer Initiative der Organised Love, eine zusätzliche Gruppe, zum Beispiel eine „Spiritualitätsgruppe".

Ein Mittagstisch in einer ländlichen Gegend traf sich einmal die Woche hinter der Kirche. Fast kein Besucher des Mittagstischs war am Sonntag im Gottesdienst. Nach dem Mittagessen lud die Leitung die Teilnehmenden dazu ein, sich um einen runden Tisch zu versammeln. Es war freiwillig, niemand musste bleiben. Eine Kerze wurde angezündet, christliche Musik abgespielt und eine Geschichte aus der Bibel vorgelesen. Dann hatte man eine kurze Zeit der Stille und zwei Gebete wurden vorgelesen. Das Ganze dauerte maximal 15 Minuten. Fast alle blieben bei diesem zusätzlichen Treffen und nach einiger Zeit fragten sogar einige nach, ob man die Bibelstelle auch noch besprechen könnte.

Nun dauerte das Treffen 25 Minuten. Ist das eine neue Gottesdienstgemeinschaft?

Sie könnten Ihre Teilnehmenden auch dazu einladen, Geschichten von Jesus zu besprechen, der weitgehend als einer der bedeutendsten geistlichen Lehrer bekannt ist, und ihre Meinungen über die Geschichten auszutauschen. Dafür können Sie einen der Ansätze des nächsten Kapitels nutzen.

In einem Sprachcafé in London trafen sich Frauen aus Sri Lanka, tranken Tee und diskutierten Themen auf Englisch. Sie wurden dazu ermutigt, ihre Gebetsanliegen auf einer Gebetswand aufzuhängen, und begannen, sich über ihre Anliegen auszutauschen.

Später wurde eine Gruppe für Menschen gegründet, die mehr über das religiöse Erbe ihres neuen Landes wissen wollten.

Eine andere Gruppe startete ein Treffen innerhalb des Treffens. In der einen Ecke des Raumes traf man sich für einen geistlichen Impuls, während im restlichen Raum das „normale" Treffen der Organised Love weitergeführt wurde.

Laden Sie Interessierte zu Sitzungen des Kernteams ein.

Drei Familien in Gloucester, England, luden einmal im Monat an einem Sonntag etwa 60 Menschen aus der Nähe zu Frühstück, Eis oder Schokolade ein. Sie sprachen über ihren Glauben, wenn sie gefragt wurden, und luden alle Interessierten zur Sitzung des Kernteams ein, das sich regelmäßig zum Essen, Beten, Planen und zur Bibellektüre traf. Die Interessierten konnten dazustoßen und auch wieder gehen, ganz wie sie wollten. Innerhalb von drei Jahren wuchs das Team auf 18 Personen und wurde in zwei Teams aufgeteilt.

Diese Brücke zu bauen ist unkompliziert, laden Sie Interessierte einfach ein. Vor Fragen wie „Warum hat Gott das zugelassen?“ müssen Sie sich nicht mehr fürchten und können einfach antworten: „Diese Frage stelle ich mir auch, manchmal sprechen wir im Team darüber. Möchtest du einmal bei einer Sitzung dabei sein? Da essen wir zusammen, haben Spaß, planen das nächste Treffen, sprechen über Geschichten von Jesus, der als einer der bedeutendsten geistlichen Lehrer bekannt ist, und beten so, dass es nicht unangenehm ist. Wenn du möchtest, darfst du gerne einmal kommen, aber auch wieder gehen, wenn es dir nicht gefällt.“

Beziehen Sie alle mit ein.

In der Gruppe „Eleven Alive“ (lebendige Elf), an der auch Menschen teilnahmen, die in keine Kirche gingen, traf man sich zu Kaffee und Kuchen und hatte am Schluss eine kurze Zeit der Ausrichtung auf Gott. Die Community teilte sich zudem regelmäßig nach einem Mittagessen in vier Gruppen auf. Jede Gruppe bereitete den geistlichen Impuls für zwei Treffen vor, geleitet durch ein Gemeindemitglied. Alle in der Community, auch Agnostiker und Atheistinnen, konnten Teil der Gruppe sein und nach einiger Zeit folgten viele Jesus nach.

Treffen Sie sich mit Interessierten zu zweit zur Bibellektüre und mit der Zeit dann in einer größeren Gruppe.

Achtung!

Ist der Schritt von „Gemeinschaft entsteht“ zu einer dieser Möglichkeiten zu groß, fragen Sie sich, wie Sie den Weg in mehrere kleinere Schritte unterteilen könnten.

4. Meilensteine des Glaubens

Achten Sie beim Bau der Brücke auf die Unterschiede in der Spiritualität der Teilnehmenden. Etwas Neues lernt man am besten Schritt für Schritt und genauso ist es bei Jesus. Führen Sie die Teilnehmenden Schritt für Schritt und in einem für sie angenehmen Tempo an Jesus heran. Zwingen Sie niemanden, lassen Sie die Teilnehmenden so weit von Jesus entfernt stehen, wie sie möchten, und lassen Sie sie zu ihrer eigenen Zeit zu ihm kommen. Überlegen Sie im Gebet, ob die Teilnehmenden einen dieser Schritte gemacht haben:

- **Von Misstrauen zur Gleichgültigkeit:** „Die Leitung ist okay, aber ich habe kein Interesse an Jesus."
- **Von Gleichgültigkeit zur Neugier:** „Jesus scheint interessant zu sein."
- **Von Neugier zur Offenheit:** „Vielleicht hält Jesus auch etwas für mich bereit."
- **Von Offenheit zur aktiven Suche:** „Ich möchte wissen, was es heißt, Jesus nachzufolgen."
- **Von der Suche zur Verbindung mit Christus:** „Ich möchte Jesus nachfolgen."
- **Von der Verbindung mit Christus zum Wachstum im Glauben:** „Wie kann ich mehr wie Christus werden?"

Es geht nicht darum, Ihre Teilnehmenden in Schubladen zu stecken, sondern darum, sich bewusst zu werden, wo diese stehen.

Lesen Sie Lukas 5,1-11 (die Berufung der ersten Jünger) und denken Sie dabei an die Menschen in Ihrer *Community*.

- **Wer wäscht die Netze** (Vers 2) und ist damit so beschäftigt, dass er oder sie Christus nicht sieht?
- **Wer hat Jesus in sein Boot gelassen** (Vers 3), hört ihm zu, aber ohne Verbindlichkeit?
- **Wer wirft die Netze aus,** ist aber skeptisch (Vers 4-5)? Wer reagiert auf Jesus, muss aber noch überzeugt werden?
- **Wer fällt Jesus zu Füßen** (Vers 8) und ist bereit, ihm zu folgen?

- **Wer ist Begleiterin oder Begleiter von Simon Petrus,** ist „von Schrecken erfasst“ (Vers 9), gefesselt, aber noch nicht bereit, Jesus zu Füßen zu fallen?

Erwarten Sie nicht, dass jemand sich in einem großen Sprung vom „Misstrauen“ zur „Verbindung mit Christus“ oder von „Netze waschen“ zu „Jesus zu Füßen fallen“ bewegt. Unterstützen Sie die Teilnehmenden darin, in kleinen Schritten von einem Meilenstein zum nächsten zu gehen. Im nächsten Kapitel finden Sie dazu einige Ideen.

Achtung!

Es ist die Entscheidung der Person selbst und des Heiligen Geistes, ob sie sich näher zu Christus bewegt. Entspannen Sie sich also, lieben Sie die Person für das, was sie ist, beten Sie für sie und laden Sie sie dazu ein, einen nächsten Schritt zu gehen, falls sie dies möchte. Aber schätzen Sie die Person, auch wenn sie bei einem bestimmten Schritt stehen bleibt. Es sollte kein Druck entstehen.

Zum weiteren Austausch

Lektüre

Lesen Sie Lukas 13,6-9 (der Feigenbaum ohne Früchte).

- Wie würde Jesus die Geschichte heute in Ihrem Kontext erzählen?
- Was sagt Ihnen die Geschichte?
- Welche Früchte könnte Jesus in Ihrer Initiative sehen und welche sucht er vielleicht noch? Wie können Sie Ihre *Community* zu diesen zusätzlichen Früchten ermutigen, wo könnten Sie „den Boden […] aufgraben und düngen“ (Vers 8)?

Austausch

Wie hilfreich ist die *Missional Journey* für Ihre *Theory of Change*? Wie möchten Sie vorwärtsgehen? Möchten Sie ein separates Treffen für Interessierte machen, oder diese zu Ihren Sitzungen einladen? Möchten Sie die ganze *Community* dazu einladen, gemeinsam Christus näherzukommen oder möchten Sie sich zu zweit mit Interessierten für die Bibellektüre treffen?

Betend nachdenken

Nehmen Sie einen der beiden Meilenstein-Wege zur Hilfe (oder auch eine eigene Version) und fragen Sie sich:

- Wer in der *Community* ist bei welchem Meilenstein?
- Wie könnten Sie ihnen helfen, einen nächsten Schritt zu gehen?
- Was könnten Sie als Nächstes tun?

Ideen

Tauschen Sie sich darüber aus, wie Sie die Teilnehmenden am besten dazu ermutigen können, Jesus nachzufolgen.

- Wie zeigt sich, dass jemand in Ihrem Kontext Jesus nachfolgt?
- Wie ermutigen Sie die Teilnehmenden bereits jetzt, Christus nachzufolgen? Was gefällt Ihnen daran?
- Was könnten Sie noch tun? Falls Sie keine Ideen haben, lesen Sie das nächste Kapitel.

Besuch und Bericht

Besuchen Sie eine neue *christliche Community*, in der Menschen zum Glauben kamen, und berichten Sie Ihrem Team von Ihrem Besuch. Was können Sie von dieser *Community* lernen?

14. Wie kann man Jesus auf natürliche Art kennenlernen?

Ohne Druck, ohne Verlegenheit

Im folgenden Kapitel finden Sie einige Ideen, wie Sie Ihren Glauben an Christus teilen können:

- Taten der Liebe
- Gespräche, die etwas verändern
- Christus bewusst entdecken
- Einfacher Gottesdienst für geistlich Suchende

Dieses Kapitel ist etwas länger. Sie könnten nach jedem Abschnitt eine Pause machen, um zu beten oder zu diskutieren.

1. Taten der Liebe

Ermutigen Sie ihre *Community* zu Taten der Liebe. Sie könnten zum Beispiel gemeinsam eine Stiftung unterstützen oder ein Wohnheim für Obdachlose renovieren. Sie könnten Ihre Wohnungen ausmisten und verschenken, was Sie selbst nicht mehr brauchen. Sie könnten in Ihrem Viertel die Straßen von Müll befreien, Graffitis entfernen oder schaffen Sie auf verlassenen, verwahrlosten Grundstücken Ordnung. Oder Sie können anderen beim Feiern helfen.

Eine Frau bot für Väter und Söhne einen Stand für die Verpackung von Weihnachtsgeschenken an. Dazu konnten sie Christstollen essen und Glühwein oder Saft trinken. Außerdem sprach sie fünf Minuten darüber, was Weihnachten für sie bedeutete.

Durch Großzügigkeit spiegelt Ihre *Community* Gottes Liebe und Güte wider. Dadurch wird das Christentum positiv wahrgenommen und bekommt einen guten Ruf, was schlechten Erfahrungen einiger mit der Kirche entgegenwirken kann. Misstrauen kann so überwunden werden. Außerdem sind Ihre Teilnehmenden freudig gestimmt, weil sie mitmachen, fühlen sich verpflichteter gegenüber der *Community* und ihre Neugierde auf den christlichen Glauben kann geweckt werden. Vielleicht fragen die Teilnehmenden Sie, warum Sie so etwas tun. Ihre Antwort könnte sein, dass Taten der Liebe Teil des christlichen Glaubens sind. Dafür müssen Sie keine Predigt halten.

2. Gespräche, die etwas verändern

Als Teil oder neben Ihrem Haupttreffen könnten Sie Teilnehmende dazu ermutigen, ein Thema auszuwählen und zu besprechen. Dies können ein Film, etwas aus den Nachrichten, eine berühmte Persönlichkeit, psychische Gesundheit, Sport, das Wichtigste der letzten Woche und vieles mehr sein. Stellen Sie dann die Frage, die in Gesprächen eine Veränderung bewirkt: **„Wenn es Gott gibt oder wenn jetzt ein geistlicher Lehrer hier wäre, was würden sie zu diesem Thema sagen?“**

Ein Jugendmitarbeiter freute sich: „Das ist ja einfach! Meine Teenager können am Tisch ‚Love Island‘ (eine britische Fernsehsendung) oder an einem anderen Tisch sitzen, der nach einem Promi benannt ist. Nachdem sie über das Thema gesprochen haben, kann ich dann diese Frage stellen.“

Während der Corona-Pandemie traf sich eine Hunde-Gassi-Gruppe über Zoom, alle zeigten ihre Hunde und sprachen über Haustierpflege. Dann fragte die Initiatorin: „Welche Hunderasse würde Gott wählen?“ Auf diese humorvolle Weise wurde eine geistliche Dimension in das Gespräch eingebracht.

Eine Gruppe von Männern traf sich, um mit konkreten Aktionen etwas für die Umwelt in ihrer Nachbarschaft zu tun. Danach gingen sie noch in eine Bar. Der Hauptarbeitgeber der Stadt war Toyota, dessen Philosophie „kontinuierliche Verbesserung“ ist. Die Männer sprachen also unter anderem über „kontinu-

ierliche Verbesserung" und wie sie ihr Umfeld als Väter, Ehemänner, Freunde und Arbeitskollegen kontinuierlich verbessern konnten. Mit der Frage „Wie können wir darin besser werden, einen Sinn und Zweck im Leben zu finden?" wäre die geistliche Dimension hinzugekommen.

Eine Gruppe traf sich, um Sport zu treiben und gemeinsam fit zu bleiben, und sprach auch darüber, wie man geistlich fit bleiben konnte.

Laura lud Jugendliche zu einer Tasse heißer Schokolade ein und sprach mit ihnen über die Höhen und Tiefen der letzten Woche. Nachdem jemand erzählt hatte, beteten sie und einige der Teenager für die Person. Die Jugendlichen fühlten sich großartig, dies war viel besser als einfach ein Gespräch.

Eine Gruppe, die in der Nachbarschaft Müll von der Straße räumte, traf sich danach zu einem Snack und sprach darüber, wie man sein Leben aufräumen kann: zu Hause, bei der Arbeit, in Freundschaften, in den sozialen Medien, in der Politik, beim Sport usw.

Adam trifft sich mit einer Gruppe von Oldtimer-Liebhabern und versucht im Moment herauszufinden, ob das Thema Restaurierung eine Brücke zum christlichen Glauben sein könnte: Kann Gott uns restaurieren, uns wiederherstellen?

Es gibt unzählbar viele Möglichkeiten. Auf der Website *table-talk.org* finden Sie gute Vorschläge, wie Sie über die wichtigen Dinge des Lebens zu sprechen beginnen können. Sie könnten diese Website nutzen und danach fragen: „Falls es Gott gibt oder wenn ein großer geistlicher Lehrer hier wäre, was würden sie zu diesem Thema sagen?"

Seien Sie transparent. Falls Sie ein solches Gespräch vorhaben, sagen Sie dies bereits bei der Einladung und erklären Sie auch, wer Sie sind. Sie könnten es zum Beispiel so formulieren: „Wir sind ein paar Christinnen und Christen/Wir sind von der Kirchengemeinde und möchten einen etwas anderen Filmklub für Eltern von Schulkindern anbieten. Wir treffen uns einmal im Monat an einem Freitag, essen zusammen, schauen einen Film und besprechen diesen beim nächsten Mal. Gegen Ende des Treffens werden wir uns jeweils noch fragen, was Gott, wenn es ihn gibt, oder eine bestimmte spirituelle Persönlichkeit über diesen Film sagen würden." Falls Sie Gespräche, die geistlich etwas bewirken sollen, in einer bereits bestehenden Gruppe einführen möchten, fragen Sie die Teilnehmenden zuerst um Erlaubnis.

Und denken Sie daran: Sie erhoffen Sich von diesen Gesprächen zwar vermutlich, dass die Teilnehmenden dazu ermutigt werden, Jesus näher kennenzulernen. Dies sollte aber nicht Ihre Hauptmotivation sein. Sie sollten sich über diese Fragen austauschen, weil sie an sich wertvoll sind: Sie machen Spaß, bereichern die Gruppe, zeigen die Sichtweisen der Teilnehmenden auf und geben dem Heiligen Geist die Möglichkeit zu wirken. Die Gespräche sind nicht einfach Mittel zum Zweck, sie haben einen Zweck in sich. Der Rest ist Aufgabe des Heiligen Geistes.

Achtung!
Hüten Sie sich vor zu vielen Christinnen und Christen in einer Gruppe. Deren fromme Sprache und ihre Ansichten könnten andere abschrecken. Sie sollten also immer in der Minderheit sein.

3. Christus bewusst entdecken

Stellen Sie sich vor, dass Interessierte an Sitzungen Ihres Kernteams dabei sind, wo Sie planen, beten und Bibel lesen. Oder stellen Sie sich vor, dass Sie neben dem Haupttreffen eine Gruppe für Interessierte starten. Wie können Sie Ihren Glauben weitergeben, ohne dass die Teilnehmenden oder Sie in Verlegenheit gebracht werden?

Beginnen Sie mit einer einfachen Einladung. Falls Sie Interessierte zu Ihrer Teamsitzung einladen, erklären Sie diesen, was sie zu erwarten haben: „Wir verbringen Zeit zusammen, planen die Treffen, besprechen Geschichten von Jesus, der als einer der bedeutendsten geistlichen Lehrer bekannt ist, und beten so, wie es sich für uns natürlich anfühlt. Du kannst gerne einmal vorbeikommen, auch mehrere Male, wenn es dir gefällt."

Wenn Sie eine separate Gruppe für Interessierte gründen, kann die Einladung ziemlich ähnlich klingen: „Wir werden gemeinsam Spiritualität entdecken, indem wir uns Geschichten von Jesus anschauen, der als einer der bedeutendsten geistlichen Lehrer bekannt ist. Dies werden wir möglichst einfach gestalten, dazu etwas Kleines essen und zusammen diskutieren, wobei alle Ansichten ernst genommen werden."

Falls Sie sich mit Eltern treffen, besprechen Sie Antworten zu schwierigen Fragen, die ihre Kinder ihnen stellen könnten, und nehmen Sie dazu Geschichten des geistlichen Lehrers Jesus zu Hilfe.

Teilen Sie Ihren Glauben in Form einer Einladung. Wenn zum Beispiel jemand fragt, warum Gott diese Naturkatastrophe zulässt, können Sie ehrlich antworten: „Ich bin nicht so gut darin, so etwas zu erklären, aber wenn du wissen möchtest, warum wir trotz viel Leid immer noch an Gott glauben, dann kannst du gerne einmal am Dienstag in unser Treffen kommen." Oder: „… dann kannst du gerne einmal zu unserer Teamsitzung dazustoßen."

Stellen Sie sich dabei zum Beispiel die Fragen der Methode *Bible Talk*. Kopieren Sie eine Geschichte über Jesus oder ein Gleichnis, lesen Sie es bei Ihren Treffen langsam durch, vielleicht auch zwei- oder dreimal, und besprechen Sie danach die folgenden Fragen:

- Wie sähe es aus, wenn diese Geschichte heute stattfinden würde?
- Was sagt mir die Geschichte? Was zeigt sie mir auf?
- Könnte die Geschichte in meinem Leben etwas verändern? Wenn ja, was?
- Im Treffen danach: Hat die Geschichte mein Leben verändert? Wenn ja, wie?

Sie könnten pro Treffen jeweils eine Frage anschauen. Beim nächsten Treffen können Sie kurz das letzte Treffen aufgreifen und dann weiter zur nächsten Frage gehen. Beim dritten Treffen können Sie nach dem Austausch über die Frage ein Experiment vorschlagen: „Wollen wir vor dem nächsten Treffen ausprobieren, ob die Geschichte wirklich Veränderung bewirkt? Es ist auch kein Problem, wenn sie nichts verändert, es ist ein *Experiment*. Schauen wir einmal, was passiert." Dabei können Sie betonen, dass auch kleine Unterschiede wichtig sind, zum Beispiel, wenn einem die Geschichte einmal oder zweimal in den Sinn kommt, oder wenn man über eine Situation oder Person anders denkt, oder wenn man für jemanden betet. Geben Sie Beispiele, die leicht nachvollziehbar und erreichbar sind.

Wenn Sie eine Frage pro Treffen anschauen, bleibt die Bibellektüre schön kurz, was Ihnen genug Zeit für anderes gibt, zum Beispiel für die Planung (falls die Bibellektüre Teil Ihrer Sitzung ist) oder einfach um gemeinsam Zeit zu verbringen.

Der Gründer einer Wandergruppe in Florida las jeweils zu Beginn eine Bibelgeschichte vor und stellte eine der vier Fragen. Die Diskussion darüber ging auch während der Wanderung noch weiter.

Die *Bible Talk*-Methode stellt nicht die gleichen Fragen wie die Methode *Discovery Bible Study*[13], wo zum Beispiel gefragt wird: „Was sagt uns diese Stelle über Gott und über uns Menschen?" Bei solchen Fragen werden einige Teilnehmende vielleicht Angst haben, dass sie die falsche Antwort geben.

Bei den Fragen von *Bible Talk* gibt es kein Richtig oder Falsch. Jeder und jede kann die Gruppe leiten und alle Interessierten können gut am Austausch teilhaben. Die Bibel selbst evangelisiert und so können wir unseren Glauben teilen, beinahe ohne es zu merken. Interessierte können

[13] Anm. d. Übers.: siehe Kapitel 15.2

so sehen, wie die Bibel und die geistliche Familie der Christen einen Unterschied machen. Neu zum Glauben Gekommene lernen, wie man bei der individuellen Bibellektüre tiefer gehen kann, wie man etwas umsetzen und im Freundeskreis weitergeben kann. Die Fragen sind simpel, sodass Neuankömmlinge bald auch selbst den Austausch leiten und sich so stärker engagieren können. Und wenn die Leitung nicht mehr da ist, kann die Gruppe immer noch bestehen und ist somit nachhaltig.

Auch die weiteren Methoden der Bibel-Lektüre, die wir in Kapitel 4.3 bereits kennengelernt haben – *Deep Talk, Lectio Divina,* die *Reich-Gottes-Fragen* oder *ABCD* – können Sie hier anwenden. Die verschiedenen Methoden können Sie auch miteinander vermischen oder mit einer beginnen, dann zu einer anderen wechseln oder aber ihre eigene Methode kreieren.

Sie müssen nicht alle Fragen der Teilnehmenden beantworten können! Falls Ihnen eine Frage gestellt wird, die das Internet beantworten kann, können Sie gemeinsam die Antwort mithilfe von Google suchen. Falls es eine Meinungsfrage ist, fragen Sie die Gruppe: „So wie ihr Jesus bis jetzt kennengelernt habt, was denkt ihr, würde er sagen?"

Es ist nicht schlimm, wenn Sie eine Frage „falsch" beantworten. Die

Ewigkeit ist nicht von richtigen Antworten abhängig. Über 1800 Jahre lang hatte die Kirche die falsche Meinung über Sklaverei. Das heißt aber nicht, dass der heilige Augustinus, Martin Luther oder andere Christen nicht im Himmel sind. Wir sind durch Glauben gerettet, nicht durch richtige Antworten. Seien Sie also um die Antworten nicht besorgt. Konzentrieren Sie sich darauf, den Teilnehmenden die wichtigste geistliche Angewohnheit beizubringen, nämlich ihre Überlegungen auf Christus zu beziehen.

Wussten Sie, dass Jesus in den Evangelien 183 Fragen gestellt wurden? Höchstens acht davon beantwortete er direkt. Es ist ein wichtiger Grundsatz, nicht alle Fragen beantworten zu müssen, denn so lassen Sie dem Geist Raum und unterstützen die Interessierten in ihrem Prozess. Sie müssen kein Experte, keine Expertin sein und auch nicht die Antworten anderer kritisieren. Ermutigen Sie die Gruppe immer wieder (1. Thessalonicher 5,14).

Keine Panik bei Meinungsverschiedenheiten. Erinnern Sie die Gruppe daran, dass es innerhalb der Kirche verschiedene Ansichten gibt. Man könnte sogar sagen, dass die Kirche seit 2000 Jahren diskutiert. Falls die Auseinandersetzung hitzig wird, fragen Sie in die Runde, was Christus sagen würde, wenn er zuhören würde. Ermutigen Sie die Teilnehmenden, eine kurze Zeit still zu sein und danach einer nach dem anderen etwas zu sagen, falls sie möchten. Danach kann eine weitere Zeit der Stille folgen. Fragen Sie sich, wo Sie bei den anderen Gottes Liebe gespürt haben. Zum Beispiel in einem Gesichtsausdruck, bei einer Person, die sich nach vorne beugte, um zuzuhören, in einem Tonfall oder in dem, was tatsächlich gesagt wurde. Auch hier kann ein Austausch hilfreich sein. Danach können Sie fortfahren. Die verschiedenen Ansichten wurden zur Sprache gebracht, alle wurden gehört, die Atmosphäre war positiv. So zeigen Sie der Gruppe einen gesunden Weg, wie man mit Auseinandersetzungen umgehen kann.

Ermutigen Sie Ihre Gruppe immer wieder, zuzuhören, statt einander zu korrigieren. Wenn wir verschiedenen Ansichten zuhören, auch wenn wir sie nicht teilen, können wir Jesus auf eine andere Art und Weise kennenlernen. Die Kirche als Ganzes zeigt Christus auf.

4. Einfacher Gottesdienst für geistlich Suchende

Ergänzend können Sie während Ihrer Treffen oder zu einer anderen Zeit einen „Raum für die Seele", einen „spirituellen Impuls" anbieten. Zünden Sie eine Kerze an und spielen Sie etwas christliche Musik ab (jeder kann für sich still mitsingen). Suchen Sie Musik, die zur Gruppe passt. Danach können Sie einen Abschnitt aus der Bibel oder einem anderen religiösen Werk lesen. In einer kurzen Zeit der Stille können dann alle so zu Gott beten, wie sie Gott verstehen, oder sich über Situationen oder Personen, die sie kennen, positive Gedanken machen. Schließen Sie mit einem Gedicht oder Gebet ab.

Im Café „SPACE" (Raum) schuf man jeden Monat einen ruhigen Raum, wo man denken, meditieren oder beten konnte, eine Kinderecke, damit diese spielen und etwas über die Bibel lernen konnten, sowie einen Ort für alle, die gerne Kaffee tranken, Gebäck aßen und plauderten.

Gegenstände können für geistliche Überlegungen hilfreich sein. Folgend einige Beispiele:

- „Dieses leere Glas steht für Menschen, die sich leer fühlen."
- „Diese Blume erinnert uns daran, dass das Leben erneuert werden kann."
- „Dieses Foto erinnert uns an die Dürre an diesem und jenem Ort."
- „Dieser Schirm erinnert uns an den Klimawandel."

Sie können eine kurze Zeit der Stille haben und danach alle einladen, ihre Gedanken zu teilen. Oder Sie könnten ein Bild aus dem Internet ausdrucken, in verschiedene Formen halbieren (wie ein Puzzle) und sie auf einem Tisch vermischen. Nun können die Teilnehmenden eine der Hälften nehmen und die Person mit der anderen Hälfte des Bildes suchen. Mit dieser

Person können Sie sich dann austauschen, was für Gebete und Gedanken dieses Bild in ihnen auslöst.

Unterstützen Sie Gaben innerhalb Ihrer *Community*. Fragen Sie, ob jemand ein Foto suchen möchte, das Gottes Größe ausdrückt oder ein Gebetsanliegen aufzeigt. Oder ob jemand ein Gedicht mitbringen möchte (ein eigenes oder eines von jemand anderem). Jemand könnte einen selbst gemachten oder irgendeinen anderen Gegenstand von zu Hause mitnehmen, der ihn anspricht. Oder ein Lied mit einer geistlichen Botschaft. Oder fragen Sie in die Runde, ob jemand ein Pop-Lied mit geistlichen Worten umschreiben möchte. Oder ob jemand ein gefundenes oder selbst geschriebenes Gebet mitbringen und vorlesen möchte. Das könnte der erste Schritt in die Richtung von gesprochenem Beten sein. Auf der Basis der mitgenommenen Gegenstände oder Texte kann eine Zeit der Reflexion oder des Austauschs folgen.

Hier noch einige andere Möglichkeiten:

- Eine Achtsamkeitsgruppe. Achtsamkeit ist eine einfache Art der Meditation, die Menschen ermutigt, ihre Gedanken und Gefühle ohne Wertung zu beobachten und mit sich selbst mitfühlend zu sein. Dies kann auf natürliche Art zu geistlichem Bewusstsein führen.
- Gebetsanliegen. Ermutigen Sie die Teilnehmenden, ihre Gebetsanliegen miteinander oder mit dem Team zu teilen (zum Beispiel mithilfe einer Gebetswand) und einander auch zu erzählen, wenn ein Gebet erhört wurde. *Eine Gruppe stellt unter seebeyondtheview.org Routen für Spaziergänge mit passenden Meditationsimpulsen zur Verfügung. Sie regen Menschen an, mehr als nur die Aussicht zu betrachten („see beyond the view") und vielleicht auch neugierig auf Gott zu werden.*

Schritt für Schritt

All diese Möglichkeiten können erste Schritte sein, Christus besser kennenzulernen und ihn anzubeten, auch wenn man noch nicht ganz an ihn glaubt oder ihn nur schwach wahrnimmt. Mit der Zeit können Sie dann, falls erwünscht, einen der Vorschläge wie *Bible Talk* einführen, oder vielleicht auch andere Arten, wie Sie sich auf Gott ausrichten können (mehr dazu in Kapitel 16).

5. Zusammenfassung

- Taten der Liebe
- Gespräche, die etwas verändern
- Christus bewusst entdecken
- Einfacher Gottesdienst

Zum weiteren Austausch

Ausrichtung auf Gott

Könnte Ihr Team eine der Ideen des Abschnitts 4 ausprobieren?

Austausch

Welche der unten stehenden Methoden könnte Ihr Team einmal ausprobieren?

- Bible Talk?
- Deep Talk?
- Lectio Divina?
- Reich-Gottes-Fragen?
- ABCD (Kunst, Bibel, Reflexion, Diskussion)?
- Eine Kombination der Vorschläge oder eine eigene Methode?

Welche Punkte des Abschnitts 5 könnten in Ihrer *Community* gut funktionieren?

Bibellektüre

Lesen Sie einige der folgenden Bibelstellen über Hoffnung. Könnten Sie einige davon nutzen, um Menschen Gott näherzubringen?

- Hoffnung im Sturm des Lebens: Matthäus 14,22-33
- Hoffnung in einer gebrochenen Welt: Lukas 5,17-26
- Hoffnung für Randständige: Lukas 7,36-50
- Hoffnung statt Sorge: Lukas 12,22-34
- Hoffnung für alle, die sich verloren fühlen: Lukas 15,11-32
- Hoffnung für Unbeliebte: Lukas 19,1-10
- Hoffnung im Angesicht des Todes: Lukas 23,32-43
- Hoffnung für Verachtete: Johannes 4,4-18 und 25-42
- Hoffnung für alle, die sich verurteilt fühlen: Johannes 8,3-11
- Hoffnung für alle, denen Unrecht zugefügt wird: Matthäus 18,21-35

Kirche entsteht

15. Wie werden wir zu einer christlichen Community?

Gottesdienst

Was geschieht, wenn jemand durch Arbeitskolleginnen und -kollegen, im Fitnesscenter oder bei der Essensausgabe zum Glauben kommt?

Oft werden diese Personen dann irgendwo in eine bestehende Kirchengemeinde eingeladen, weil es keine auf ihren Alltag abgestimmte Form von Kirche gibt. Sie müssen also ihr Lebensumfeld verlassen, um in die Kirche zu gehen.

Aber man kann Gott überall anbeten, wo auch immer man ist! In Markus 5,1-20 heilt Jesus einen Besessenen. Dieser wollte Jesus nachfolgen und dachte, dass er dafür seine Heimat verlassen müsse. Aber Jesus sagte ihm, dass er dort bleiben und andern erzählen solle, was geschehen sei. So könnte genau dort eine Gruppe von Nachfolgerinnen und Nachfolgern Jesu entstehen.

Neu zum Glauben Gekommene müssen keiner Gottesdienstgemeinschaft beitreten, die weit weg ist. Denn genau hier, wo sie zum Glauben kamen, kann eine neue *christliche Community* entstehen. Wir können Jesus in einem uns bekannten Umfeld nachfolgen und ihn mit Menschen anbeten, die wir bereits kennen. Genau hier kann Kirche entstehen.

Sie schaffen das!

Die ersten christlichen Versammlungen wurden nicht durch Profis mit jahrelanger theologischer Ausbildung geleitet, sondern durch gewöhnliche Menschen wie Sie und ich in deren Häusern. Mit Ausnahme von Korinth (Apostelgeschichte 18,11) und Ephesus (Apostelgeschichte 19,1+10) blieb Paulus nur für einige Monate in den neuen Gemeinden und bildete die neue Leitung nicht jahrelang aus. Für Ihre Initiative müssen Sie also keinen Doktortitel in Theologie haben. Vertrauen Sie Gott, dass er Ihnen hilft.

Struktur

Gottesdienst in seiner besten Form ermöglicht es dem Heiligen Geist, Menschen näher in Beziehung zu bringen zu Gott, zur Welt, zur gesamten Kirche und untereinander in der *Community*. Dabei wirkt der Geist in einem bestimmten Muster, in einer bestimmten Struktur. Auch ein Gottesdienst hat eine Art Struktur, sei es auch nur ein Anfang, ein Mittelteil und ein Ende. Die folgende Struktur kann Ihnen helfen, Gottesdienst in seiner Fülle zu erleben:

- *Sammlung*
- *Hören*
- (zu Gott) *Sprechen*
- *Essen*
- *Sendung*

Wie viele dieser Elemente finden Sie wenigstens gelegentlich im Gottesdienst Ihrer *Community*?

Ihr Gottesdienst sollte einfach, natürlich und relevant sein:

- *Einfach* (und kurz). Das Leben ist kompliziert genug, fügen Sie sich selbst also nicht noch zusätzliche Belastung durch einen komplizierten Gottesdienst hinzu! Es müssen nicht immer alle Bestandteile der obigen Struktur vorkommen. Wählen Sie einfach, was im Moment am besten passt.
- *Natürlich*. Lassen Sie den Geist durch die *Community* wirken. Fragen Sie die Teilnehmenden, wie *sie* ihre Gedanken und Gefühle Gott gegenüber ausdrücken möchten. Denken Sie daran, dass bei den Gottesdiensten des Neuen Testaments alle mitmachten (1. Korinther 14,26).
- *Relevant*. Verbinden Sie den Gottesdienst mit dem Alltag. Bitten Sie die Teilnehmenden, Gegenstände und Themen aus ihrem Alltag mitzunehmen, und prüfen Sie immer wieder, ob Ihr Gottesdienst für den Alltag relevant ist.

Achtung!
Was in der Vergangenheit für Sie gut funktioniert hat, könnte für andere nicht funktionieren.

Ressourcen

Viele Websiten wie zum Beispiel *www.engageworship.org* können für die Gestaltung des Gottesdienstes hilfreich sein. Im Buch *Fasse dich kurz – Gottesdienste im Espresso-Format: Werk- und Beispielbuch* von Stephan Goldschmidt u. a. finden Sie Anregungen zur Gestaltung kurzer, kreativer Gottesdienste.

Im Folgenden finden Sie noch einige weitere Ideen. Setzen Sie diese nicht eins zu eins um, sondern nutzen Sie sie einfach als Inspiration.

1. Sammlung

Die *Community* versammelt sich und der Geist führt sie in die Gegenwart Gottes. Hierbei

- können Sie eine Kerze anzünden, ein Kreuz, ein religiöses Bild oder einen anderen Gegenstand betrachten, Musik abspielen und/oder kurz still werden.
- können alle Teilnehmenden kurz mitteilen, wie es ihnen seit dem letzten Treffen ergangen ist.
- kann immer jemand anderes einen Gegenstand mitnehmen, der ihn oder sie „geistlich“ anspricht.
- können Sie einen kurzen Ausschnitt aus der Bibel lesen und Gottes Geist einladen.
- können Sie gemeinsam ein Lied singen oder hören, das sich auf Gott bezieht.

Vorbereitung. Der Heilige Geist bereitet uns während der Zeit der Sammlung auf den Gottesdienst vor. Dazu gehören auch Beichte und Klage, die einen geistlichen Abgleich mit der Realität darstellen. Wir beichten, was wir Gott angetan haben, beklagen die Sünden der Kirche und der Welt und bitten Gott um Vergebung. Die Durchführung dieses Elements können Sie unterschiedlich gestalten.

Zum Beispiel könnten alle ein kurzes Gebet aufschreiben, jemand könnte ein Gebet für die Gruppe schreiben, oder Sie könnten auch einige bestehenden Gebete und Beichten nutzen, die Sie gegebenenfalls für Ihre *Community* etwas anpassen können. Oder alle schreiben auf, welche Gedanken, Handlungen oder Haltungen Gott bei ihnen verändern sollte, und verbrennen diese Zettel oder werfen sie in den Müll. Sie können Ihre Beichte oder Klage auch zeichnen, malen oder in Minecraft bauen. Oder alle bitten still vor Gott um Vergebung. Sie könnten einen Klagepsalm lesen, zum Beispiel Psalm 80, 85 oder 130. In der methodistischen Kirche war es früher üblich, dass man einander gegenseitig verantwortlich war. Sie könnten mit der Person neben sich eine Gewohnheit teilen, die Sie mit Gottes Hilfe ändern möchten. Aber auch die Klage darüber, was in der Welt und der Kirche nicht rundläuft, gehört zu diesem Element der Vorbereitung.

2. Hören

Die *Community* hört Gottes Wort und reagiert darauf. Dafür braucht es keine herkömmliche Predigt. Jesus predigte nicht nur, oft lehrte er durch Gespräche wie zum Beispiel in Matthäus 16,13-20 oder 19,16-30. Tauschen Sie sich also weiterhin über Bibelstellen über Jesus aus, die Ihre „Predigt“ sein können. Lesen Sie dazu nochmals Kapitel 4.3, wo die folgenden verschiedenen Ansätze zur Bibellektüre erläutert werden: *Bible Talk, Deep Talk, Lectio Divina (abbeißen, kauen, genießen, verdauen), Reich-Gottes-Fragen, ABCD (Kunst, Bibel, Reflexion, Diskussion)*. Bleiben Sie bei dem Ansatz, der am besten für Sie funktioniert, oder wechseln Sie ab, damit alle Vorlieben einmal berücksichtigt werden. Sie können sich auch in kleinere Gruppen aufteilen und pro Gruppe verschiedene Ansätze nutzen.

Wenn die Teilnehmenden Jesus besser kennenlernen, werden Sie „kräftigere Nahrung" benötigen. Eine Person könnte zum Beispiel einen Podcast mit Hintergrundinformationen über die Geschichte anhören, jemand anderes ein YouTube-Video schauen, in dem erklärt wird, wie die Geschichte auf das Leben angewendet werden kann. Nutzen Sie dazu anerkannte christliche Quellen. Die beiden Personen können danach erzählen, was sie gelernt haben, bevor die Diskussion für die Runde geöffnet wird. Die Gruppe hat jetzt also auch Zugang zu der weiteren Kirche. So können die Teilnehmenden den Heiligen Geist bei der Bibellektüre, in der Gruppe (während Diskussionen), bei Erfahrungen (verbunden mit der Bibelstelle) und in der weiteren Kirche besser hören und seine Stimme kennenlernen.

Discovery Bible Study

Wenn die Teilnehmenden bereit sind, andere Stellen aus der Bibel zu lesen als die Evangelien, können Sie den Ansatz *Discovery Bible Study*[14] nutzen. Diese Methode wird auf der ganzen Welt genutzt. Als Hilfe können Sie die *Discover-App* herunterladen. Dort finden Sie 29 Bibelstellen, welche die gesamte Geschichte – Schöpfung, Sündenfall, Versöhnung – beinhalten. Es ist kinderleicht, Austauschrunden mithilfe dieser Hilfsmittel zu leiten. Zu diesem Thema können Sie sich auch das Video von Lucy anschauen (*www.Godsend.cloud/share-jesus/sharing-good-news*).

Raum der Stille

Für einige kann Austausch ermüdend und schwierig sein. Für diese können Sie einen Raum oder eine Ecke der Stille zur Verfügung stellen. Dort kann die Bibelstelle still gelesen werden, die Fragen von *Bible Talk, Deep Talk, Lectio Divina* oder den anderen Ansätzen können individuell beantwortet werden. Die Teilnehmenden können schriftlich festhalten, was sie in der nächsten Woche anders tun oder denken möchten und dies ge-

[14] http://www.bible-discovery.com/de.

gebenenfalls einer Vertrauensperson mitteilen. Dadurch wird ihr Vorhaben gefestigt und die Person könnte vielleicht für sie beten.

Herkömmliche Predigt

Sie können auch eine herkömmliche Predigt halten. So können Sie Informationen und Einsichten über das Thema oder die Bibelstelle mitteilen, die Gruppe inspirieren und Abwechslung in die Treffen bringen. An einem Austausch muss man „extrovertiert" teilnehmen – vielleicht bevorzugen die Teilnehmenden aber eher, sich „introvertiert", also zuhörend, mit dem Text oder dem Thema zu befassen.

Auch für eine Predigt müssen Sie nicht unbedingt jemanden mit der Gabe zu predigen in Ihrer *Community* haben. Im Internet finden Sie viele Predigten, die Sie herunterladen können. Achten Sie dabei darauf, dass der Autor, die Autorin der Predigt von der weiteren Kirche anerkannt ist.

Reaktion

Nachdem die Teilnehmenden Gott zugehört haben, können sie sich in kleinere Gruppen aufteilen. Dort können sie über den Bibeltext einen Blog oder Tweet verfassen, beschreiben, was sie gelernt haben, ein Bild gestalten, dass die Stelle veranschaulicht, oder in Stille über die Stelle nachdenken. Alle können sich etwas überlegen, das sie in die Woche mitnehmen können, worüber sie nachdenken, beten oder was sie tun können. Dies können sie aufschreiben und den Zettel vorne in eine Schüssel legen. Oder sie können einen Stein als Erinnerung mitnehmen oder eine (richtige oder fiktive) E-Mail verfassen, in der steht, was sie gelernt haben. Oder während der Woche können sie sich Zeit nehmen zu beten und nochmals über die Bibelstelle nachzudenken.

Die Teilnehmenden können auch auf die Stelle reagieren, indem Sie ihren Glauben bezeugen. Dazu gehört traditionellerweise das Apostolische Glaubensbekenntnis, das schon über Jahrhunderte gebetet wird. Laden Sie ein Glaubensbekenntnis aus dem Internet herunter und beten Sie es gemeinsam laut oder jeder für sich. Oder fragen Sie die Gruppe, wie sie den christlichen Glauben zusammenfassen würden. Dazu können Sie ein traditionelles Glaubensbekenntnis als Referenz nutzen oder sich ein Lied anhören, das über den Glauben oder die Überzeugungen von Christen und Christinnen spricht. Die Teilnehmenden können mitsingen oder zuhören. Jemand könnte ein Gedicht schreiben, das für einige Zeit zum Glaubensbekenntnis der Gruppe werden könnte.

3. Sprechen

Die *Community* antwortet Gott im Gebet. Ermutigen Sie die *Community* dazu, sich Gottes Gegenwart bewusst zu werden, dankbar zurückzublicken auf das, was seit dem letzten Treffen geschehen ist, und dabei auch auf ihre Gefühle zu achten. Sie können Gott für etwas danken, das seit dem letzten Mal geschah, auf die Zukunft schauen und zum Schluss etwas mit der Gruppe teilen, falls sie möchten.

Gaben teilen

Falls jemand gerne fotografiert, bitten Sie diese Person, Fotos aufzunehmen, die als Anregung für gesprochenes oder stilles Gebet dienen können. Andere, die sonst gerne künstlerisch tätig sind, können einen selbst gemachten Gegenstand mitnehmen, der auch dazu dient, oder ein poetisches Gebet schreiben. Jemand könnte ein Bild aus dem Internet mitbringen, das zum Gebet anregt, oder ein Gebet aus dem Internet vorlesen.

Lautes Gebet

Wenn man andere beten hört, kann dies eine Ermutigung sein und das eigene Gebet anregen. Damit die Teilnehmenden sich sicherer fühlen, können Sie sie ermutigen, sich vorzustellen, dass Jesus hier sei. Was würden sie ihm sagen? Die Teilnehmenden, die möchten, können ihre Gedanken mit der Gruppe teilen, danach können alle dies mit „Amen“ bestätigen. So haben alle laut gebetet.

Handelndes Gebet

Die Gruppe Just Church (gerechte Kirche) in Bradford, England, schrieb Briefe für Amnesty International. Jeder Brief wurde zu einem Gebet.

Was könnte Ihr handelndes Gebet sein? Ein gemaltes Gebet? Oder ein Gebet in Gedichtform? Ein Tweet oder ein kurzes Video, das über ein Anliegen spricht? Ein Brief im Namen anderer an Beamte oder gewählte Vertreterinnen? Sie könnten kleinere Gruppen für verschiedene handelnde Gebete bilden (darunter eine Gruppe mit stillem Gebet).

Experiment

In der Gruppe „Cook@Chapel" (kochen in der Kapelle) ermutigte Katherine Jugendliche dazu, Dankgebete zu schreiben und diese in eine Kochschüssel zu werfen. Danach konnte jeder ein Gebet herausziehen und lesen. Das nächste Mal vergaß sie die Schüssel und die Teenager fragten: „Wo ist die Kochschüssel?" So wusste sie, dass ihr Experiment funktioniert hatte. Ähnliches geschah, als sie eine Kerze anzündete: Jemand aus der Gruppe stand sofort auf und machte das Licht aus. Die Gruppe übernahm selbst die Regie bei dem Treffen.

Fragen Sie die Teilnehmenden, was für sie als Gruppe am besten funktionieren würde, und experimentieren Sie mit diesen Ideen.

4. Essen

Ihr Gottesdienst könnte während einer Mahlzeit gefeiert werden. Dies könnte etwa wie folgt aussehen:

- *Zeit der Sammlung* vor dem Essen.
- *Hören* nach dem Hauptgang.
- *Sprechen* nach dem Nachtisch.
- *Sendung* bevor Sie nach Hause gehen.

Dies hat auch symbolischen Wert, da der Gottesdienst Sie geistlich ernährt und so ganz natürlich zum Essen dazugehört. Außerdem könnte eine solche Art des Gottesdienstes auch ein Schritt in Richtung Eucharistie/Abendmahl sein, was ebenfalls während einer Mahlzeit Jesu und seiner Jünger entstand.

Eucharistie/Abendmahl zu feiern ist notwendig, damit Ihre *Community* die Kirche vollkommen widerspiegelt. Der nächste Schritt wäre also, dass Ihre Mahlzeit eine explizite „Erinnerung an das letzte Mahl" ist. Erinnern Sie sich gemeinsam daran, was Jesus beim letzten Mahl tat, oder lesen Sie dazu 1. Korinther 11,23-26. Essen Sie danach während Ihres Essens gemeinsam das Brot und trinken Sie den Wein. Falls es in Ihrer Tradition schriftliche Liturgien für die Eucharistie/das Abendmahl gibt, können Sie diese zu gegebener Zeit nutzen oder allenfalls etwas anpassen.

Wenn Sie den Gottesdienst nicht während einer Mahlzeit feiern, können Sie sich informell „an das letzte Mahl erinnern", zum Beispiel bei Kaffee und Kuchen. Diese Erinnerung kann sich weiterentwickeln.

Falls in Ihrer Tradition nur bestimmte Personen die Eucharistie/das Abendmahl leiten können, gibt es verschiedene Möglichkeiten:

- Erinnern Sie die Teilnehmenden daran, dass dies eine „Erinnerung an das letzte Mahl" und im Verständnis Ihrer Kirche keine Eucharistie/kein Abendmahl ist. Mit dieser Unterscheidung bleibt Ihre Feier „legal".
- Bitten Sie einen Priester/eine Pfarrerin als Vertretung der weiteren Kirche anwesend zu sein und Sie daran zu erinnern, dass Ihre *Community* Teil eines größeren Ganzen ist.
- Treffen Sie sich regelmäßig in Ihrer Muttergemeinde, um Eucharistie/Abendmahl zu feiern.
- Diese Möglichkeiten können Sie auch kombinieren und zum Beispiel hin und wieder in die Muttergemeinde gehen und dazwischen „Erinnerungen" feiern.

5. Sendung

Am Schluss Ihres Gottesdienstes sendet der Geist die *Community* aus, um sich an Gottes Plan für die Welt zu beteiligen. Einige Vorschläge für diesen Teil:

- Sprechen Sie ein einfaches Gebet, in dem Sie Gott bitten, die Teilnehmenden zu stärken, wenn sie in ihren Alltag zurückkehren. Jemand könnte ein Gebet aufschreiben oder ein Segensgebet im Internet suchen.
- Spielen Sie ein christliches Lied ab (und singen Sie vielleicht mit), das einen Fokus auf Mission, auf die Welt außerhalb der Kirche hat.
- Alle können kurz mitteilen, was sie mitnehmen, und die *Community* dankt Gott im Gebet.

Achtung!

Kirche ist natürlich mehr als nur Gottesdienst. Darum dreht sich das nächste Kapitel, das Ihnen dabei hilft, eine abgerundete *christliche Community* zu werden.

Zum weiteren Austausch

Taufe und Eucharistie/Abendmahl

Wie können Sie die Glaubensreise der Teilnehmenden feiern?

- Durch eine Taufe für Menschen, die nicht getauft sind, und durch eine Firmung/Konfirmation oder „Bestätigung der Taufe" für die, die bereits getauft sind?
- Wann könnten Sie dies durchführen? Während Ihres Gottesdienstes oder als Teil des Gottesdienstes Ihrer Muttergemeinde? Falls Sie innerhalb Ihres eigenen Gottesdienstes taufen, wer wird den Gottesdienst leiten?

- Könnte man auch den Umstand feiern, dass einige sich als „Suchende" oder „auf dem Weg zum christlichen Glauben" sehen? Könnte man diese zum Beispiel während des Taufgottesdienstes kurz segnen?
- Lesen Sie nochmals den Abschnitt über Eucharistie/Abendmahl.
- Wo können Sie dies bei sich umsetzen für die Teilnehmenden, die Eucharistie/Abendmahl in Ihrer *Community* empfangen möchten?
- Falls Ihre *Community* zusammen isst, wie könnten Sie die Mahlzeit (mit der Erlaubnis der Teilnehmenden) zu einer „Erinnerung des letzten Mahls" oder zu einer Eucharistie/einem Abendmahl weiterentwickeln?

Gottesdienst

Besprechen Sie die Struktur einer Eucharistie/eines Abendmahls oder die Struktur eines Gottesdienstes. Machen Sie eine Liste der Bestandteile (Beichte, Gebet usw.) und fragen Sie sich, welche Bestandteile bei Ihrem Gottesdienst fehlen.

Welchen dieser Bestandteile könnten Sie für eine Zeit lang bei sich durchführen? Wie könnte dies geschehen und wie könnten Sie die *Community* dazu ermutigen, dass sie diesen Teil macht.

Wachstum

- Was möchten Sie unter Berücksichtigung des Gelesenen in Ihrer *Community* ändern und entwickeln?
- Wie könnten Sie dies den anderen Ihrer *Community* erklären? Wer könnte derselben Meinung sein und wer könnte Sie praktisch unterstützen?
- Wie könnten Sie es für die Teilnehmenden einfacher machen, an Bord zu kommen?
- Was könnte die Leitung Ihrer Muttergemeinde darüber denken?

16. Wie können wir im Glauben wachsen?

Christliche Reife fördern

Sie wünschen sich vermutlich, dass die neu zum Glauben gekommenen Mitglieder im Glauben wachsen. Sagen Sie ihnen aber unter keinen Umständen, was sie zu tun haben!

Ein frisch zum Glauben gekommenes Paar nahm an einem Jüngerschaftsseminar teil und stürmte nach dem zweiten Kurs aus dem Raum: „Letzte Woche habt ihr gesagt, dass wir jede Woche in den Gottesdienst gehen müssen, und diese Woche sagt ihr, dass wir nicht mehr miteinander schlafen dürfen. Ihr seid genau wie alle anderen, wir dürfen nur unter euren Bedingungen teilnehmen." Die Kursleitung meinte es gut, aber das Timing und der Ansatz brachten die Glaubensreise des Paares zu Fall.

Jesus war weniger dogmatisch, er steckte einen Rahmen ab, in dem Menschen den Glauben entdecken konnten. Zum Beispiel mussten sie selbst herausfinden, was er mit seinen Gleichnissen genau meinte. Als jemand ihn fragte, ob eine Frau, die beim Ehebruch erwischt wurde, gesteinigt werden sollte, antwortete er: „ Wer unter euch ohne Sünde ist, der werfe den ersten Stein auf sie" (Johannes 8,7). Die Zuhörenden mussten selbst entscheiden, inwieweit das auf sie zutraf.

Geistliches Wachstum hat nichts mit Regeln zu tun, sondern damit, sich den Glauben zu eigen zu machen, von Kopf bis Fuß. Unterstützen Sie also neue Christinnen und Christen, ermutigen Sie sie, den Glauben zu entdecken, und vertrauen Sie dem Heiligen Geist, dass er sie lehren wird.

1. Wie können wir Menschen am besten zu Jüngern machen?

Die Priorität sollte nicht sein, christliche Überzeugungen, wie sie in den Glaubensbekenntnissen stehen, als Lehre weiterzugeben. Jesus lehrte keine Theorie, sondern fokussierte sich auf das Verhalten von Menschen und deren Beziehungen. Er lehrte seine Jüngerinnen und Jünger immer wieder, dass sie ihre Feinde lieben, 70-mal 7-mal vergeben, die andere Wange hinhalten sollten und vieles andere. Jesus ging es um ein Wissen, das zu einem Leben der Heilung, Gerechtigkeit und Ganzheit führt.

Auch bei den ersten Christen und Christinnen war die Praxis sehr wichtig. Die Theorie über ihre Überzeugungen fand dort Platz, wo sie gemeinsam berieten, wie sie Jesus in ihrem Alltag nachfolgen konnten. Nehmen Sie sich also die frühen Christinnen und Christen als Vorbild, ermutigen Sie reifes christliches Verhalten und konzentrieren Sie sich auf die folgenden Beziehungen, die für ein christliches Leben zentral sind.

2. Direkte Beziehung zu Gott

Gebet fördern

Sie könnten regelmäßig SMS oder WhatsApp-Nachrichten schicken, sodass die Mitglieder der *Community* ermutigt werden, Gebet als Gewohnheit im Alltag zu praktizieren, so wie es Jesus tat. Oder ermutigen Sie die Teilnehmenden, Gebetsanliegen über die sozialen Medien auszutauschen, füreinander zu beten und einander von Gebetserhörungen zu erzählen. Oder Sie könnten eine Gebetswand aufstellen, wo die Mitglieder bei jedem Treffen Gebetsanliegen und Gebetserhörungen aufhängen können.

Wie wäre es mit Treffen über Zoom? Eine generationenübergreifende *Community* könnte sich zum Beispiel einmal die Woche an einem Abend treffen, eine Bibelgeschichte lesen oder erzählen und sich fragen, wofür sie Gott dankbar ist und wofür sie ihn bitten möchte. Danach können zwei oder drei Personen beten. Das Ganze würde maximal 15 Minuten dauern.

Achtung!
Hierbei ist die Beachtung des Persönlichkeits- und Datenschutzes sehr wichtig. Fragen Sie zum Beispiel jemanden in Ihrer Ortsgemeinde oder in Ihrem Freundeskreis um Rat, der sich auf diesem Gebiet auskennt.

Bibellektüre beibehalten

Hierbei ist Abwechslung wichtig, Ideen finden Sie in Kapitel 14. Unterstützen Sie die Gruppe dabei, die Bibel studieren zu lernen. Wie zum Beispiel im Kapitel 15 vorgeschlagen, könnte jemand einen hilfreichen Podcast oder ein relevantes Video suchen und in der Diskussionsrunde mitbringen. Oder einige könnten Websiten mit Hinweisen zu der jeweiligen Stelle recherchieren und mit der Gruppe teilen. Suchen Sie dabei nach Quellen, die weitgehend anerkannt sind.

Die Leitung der Gruppe „B1“ (Eins sein) in Birmingham (England) lud Erwachsene dazu ein, eine Bibelgeschichte bereits im Voraus zu lesen und mit ihren Kindern zu besprechen. Als sich dann die Community traf, erzählten einige in den altersaufgeteilten Kleingruppen, was sie gelernt hatten. So übten die Familien die Gewohnheit der Bibellektüre als Familie ein.

Austausch und Diskussion fördern

Wir Menschen lernen, indem wir Fragen stellen, Gelerntes in unseren eigenen Worten formulieren, Ideen ausprobieren und anderen zuhören. Jesus predigte nicht einfach, er stellte Fragen und ließ Raum für Dialog (siehe z. B. Markus 8,27-30; 10,17-31; Johannes 6,25-59). Es sollte also genug Raum für Austausch und Diskussion geben, besonders darüber, wie Jesus den Alltag verändert. Ideen dazu finden Sie in Kapitel 15.

3. Beziehungen mit der Welt

Regelmäßiges Geben

Sie können ganz einfach beginnen, indem Sie eine oder zwei Hilfsprojekte finanziell unterstützen und die Mitglieder ermutigen, dies auch zu tun. Sie könnten auch jeden Monat für ein anderes Projekt sammeln, sodass man gerne regelmäßig gibt.

Gemeinschaftlich aktiv werden

Tun Sie Dinge gemeinsam, um Jesus in Ihrem Alltag nachzufolgen. Sie könnten sich zum Beispiel einmal im Monat treffen und statt dem normalen Gottesdienst

- einen oder mehrere Gärten von Personen in der Nachbarschaft pflegen, die nicht aus dem Haus können.
- in einem Viertel den Müll aufsammeln.
- einen Wohnblock mit einer älteren oder ärmeren Bewohnerschaft putzen und Wartungsarbeiten durchführen. Diese Aktion könnten Sie mit einem Grillfest abschließen.
- die Nachbarschaft zu einem Essen einladen, bei dem jedes Gemeinschaftsmitglied genug Essen für sich und jemand anderes mitbringt.

Gegenseitige Unterstützung und Verantwortlichkeit

Sie könnten die Idee der Kleingruppen, die John Wesleys im 18. Jahrhundert einführte, für heute aktualisieren: Schlagen Sie dazu vor, dass sich drei oder vier Mitglieder für eine bestimmte Zeit beim Einüben eines bestimmten Verhaltens gegenseitig unterstützen. Einige Beispiele:

- Sechs Wochen lang übt jede Person jede Woche eine Tat der Großzügigkeit aus und erzählt danach der Gruppe, wie sie damit klarkam.
- Drei oder vier Mitglieder können sich für eine bestimmte Zeit verpflichten, gesünder zu essen oder ihren Kindern eine Gutenachtgeschichte aus der Bibel vorzulesen.

- Während der Fastenzeit könnte man sich verpflichten, jeden Tag eine Tat der Liebe durchzuführen und danach den anderen zu erzählen, was man getan hat.

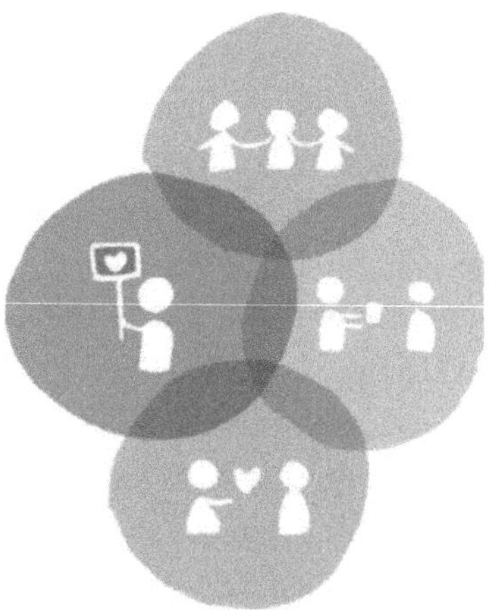

Johannes vom Kreuz sagte einmal, dass die Einzelperson in der Gemeinschaft zu einem Stein wird, der andere zu einer Skulptur formt.

Missionale Communities bilden

Geben Sie den Teilnehmenden beim Bilden von Kleingruppen die Möglichkeit auszuwählen: Sie können sich zu Gemeinschaftspflege, Gebet und Bibellektüre treffen oder aber einer Gruppe mit Fokus beitreten, die ihren Fokus nach außen gerichtet hat. Diese Gruppe bildet sich rund um die Leidenschaft eines der Mitglieder. Folgend einige Ideen:

- Eltern einer Schule dienen
- Jugendlichen Fotografie-, Handyreparatur-, Sport- oder andere Kurse anbieten (jemand könnte den Kurs durchführen, andere könnten fürs Essen sorgen)
- Sich gemeinsam mit Nichtkirchenbesuchenden für soziale Gerechtigkeit oder das Klima einsetzen

- Jede Woche einen Mittagstisch für Obdachlose anbieten
- Eine Fahrrad-, Renn- oder Nähgruppe gründen (auch hier können einige wieder für die Getränke und Snacks sorgen)

Das christliche Team zieht mit seinem Fokus Menschen an, die grundsätzlich nicht in die Kirche gehen, und orientiert sich an der *Missional Journey*. So wird das Team eine Mikro-Kirche mit eigenen Sitzungen (Planung und Ausrichtung auf Gott), die aber immer noch mit der Muttergemeinde verbunden ist. Vielleicht besucht die Gruppe die Gottesdienste der Gemeinde ein- oder zweimal im Monat und feiert in den anderen Wochen ihren eigenen. Lesen Sie dazu nochmals Kapitel 3 und 4.

Damit es kein „wir" und „die" gibt, kann eine der anderen Kleingruppen eine missionale Kleingruppe „adoptieren", regelmäßig für sie beten und ihnen gelegentlich praktisch zur Hand gehen. So sind alle beteiligt. Die verschiedenen Teams können sich monatlich oder halbjährlich zu *Start-up:Kirche*-Treffen versammeln und sich dort gegenseitig unterstützen und voreinander Rechenschaft ablegen (siehe Kapitel 6). In diesen Treffen fokussieren sich die Teams alle auf die *Missional Journey. 2-3-mal im Jahr* finden Treffen zur Planung der gemeinsamen Arbeit statt. Zwischen den Treffen unterstützen sich die Teams gegenseitig. Die Teams nutzen das *Start-up:Kirche*-Buch und andere Ressourcen, um sich Ideen zu holen, durch Geschichten inspirieren zu lassen und relevante Hilfestellungen zu ihrem Schritt auf der *Missional Journey* zu bekommen. Falls nötig, werden die Teams durch einen Coach, durch eine Beraterin unterstützt. So vervielfacht sich Ihre neue *christliche Community*.

4. Beziehungen mit der weiteren Kirche

Wenn man neu zum Glauben kommt, tritt man automatisch auch mit allen anderen Mitgliedern der christlichen Familie in Beziehung. Diese Verbindungen müssen auch konkret werden, damit sie für die Beteiligten Bedeutung gewinnen. Hierbei ist *Mixed Ecology* ein wichtiger Begriff:

Werden Sie als *Community* zu einer neuen Gottesdienstgemeinschaft neben und verbunden mit der Muttergemeinde.

Beginnen können Sie mit dem Gemeindebrief (siehe Kapitel 5), der als Erinnerung dient, dass Ihre neue *Community* und die Muttergemeinde verbunden sind. Außerdem können Freiwilligenaktivitäten oder Veranstaltungen in der einen Gottesdienstgemeinschaft Mitglieder der anderen anziehen. Führen Sie einige Aktivitäten auch gemeinsam durch, wie zum Beispiel einen Quizabend oder einen Familientag, und helfen Sie mit Ihrer neuen *Community* bei der Organisation. Wenn sie mithelfen, fühlen sich Ihre Mitglieder als Teil des Ganzen. Sie können auch gemischte Einsatzteams und Arbeitsgruppen bilden oder Diskussionsabende zu Themen veranstalten, die langjährige und neue Christinnen und Christen beschäftigen. Zudem könnten Sie einige Gottesdienste gemeinsam feiern, wie zum Beispiel einen Weihnachtsgottesdienst, eine Osterfeier oder eine Veranstaltung während der Karwoche. Nehmen Sie auch an anderen christlichen Veranstaltungen teil, zum Beispiel an einem Festival oder an einer Konferenz. Ermutigen Sie die Mitglieder Ihrer neuen *Community*, die Kirche mit regelmäßigen finanziellen Beiträgen zu unterstützen, und fragen Sie sich, ob Ihre *Community* in der Gemeindeleitung vertreten werden sollte. Einbindung in die weitere Kirche unterstützt geistliches Wachstum und ist notwendig, um Teil des Leibes Christi zu sein.

Achtung!

Die Muttergemeinde sollte die neue *Community* nicht ersticken, wie das bei einigen Eltern und deren Kindern der Fall ist. Dieses Risiko ist groß. Achten Sie also auf ein Gleichgewicht zwischen Selbstständigkeit der *Community* und deren Beziehung zur weiteren Kirche.

5. Beziehungen innerhalb der neuen christlichen Community

Zur Kirche werden

Stülpen Sie Ihrer *Community* keinen vorgefertigten Plan für eine neue Kirche über, sondern rüsten Sie die Mitglieder aus, ihre eigene Form von Kirche aufzubauen. Als Jesus in den Himmel aufstieg, überließ er seiner Jüngerschaft keinen Bauplan für eine Kirche. Sie hatten keinen Namen für die Kirche (das kam erst später), keine angemessene Leitungsstruktur (siehe Apostelgeschichte 6,1-7) und keine festgelegten Gebetstexte oder Liturgien. Jesus hatte ihnen einfach gesagt, sie sollen Menschen zu Jüngern machen, sie taufen und mit ihnen das Brot brechen. Das war alles, was sie wussten. Also beteten die Jünger, wiederholten gemeinsam, was sie von ihm gelernt hatten, und überlegten sich, geführt vom Heiligen Geist, die Details selbst. Jesus hinterließ keine Lego-Kirche, sondern die Lego-Steine. Machen Sie es also Jesus nach und helfen Sie Ihrer *Community*, geleitet vom Heiligen Geist selbst zu entdecken, was es in Ihrem Kontext heißt, eine *christliche Community* zu sein.

Leitung teilen

Es ist wichtig, dass Sie andere von Anfang an in die Leitung einbeziehen. Arbeiten Sie gemeinsam *mit* den Menschen, denen Sie dienen, und gestalten Sie nicht einfach ein Programm *für* sie. Beziehen Sie die Mitglieder bereits in der Planungsphase ein, feiern Sie ihre Ideen und Beiträge und lassen Sie sie mitentscheiden. Beginnen Sie früh damit, Teilnehmende in die Leitung von Diskussionsrunden über Bibelstellen einzubeziehen.

Dies ist zum Beispiel möglich, wenn Sie die Methode *Bible Talk* nutzen (siehe Kapitel 4.3). Wenn Fragen auftauchen, können Sie die ganze Gruppe fragen, wie Jesus aufgrund des bis jetzt vorhandenen Wissens antworten würde. Lassen Sie den Geist durch Beiträge anderer sprechen (lesen Sie dazu Kapitel 14.3). Weisen Sie Ihre Mitglieder auf christliche Ressourcen im Internet hin und zeigen Sie ihnen, wie sie auf die Bibel, den Geist, die weitere Kirche und aufeinander bauen können statt auf Sie.

Paulus war es wichtig, dass die Gemeinde in Korinth einander im Glauben aufbaut (1. Korinther 14,5.12.26). Dafür war die gesamte Gottesdienstgemeinschaft mithilfe der Schrift verantwortlich.

Urteilsvermögen

Lehren Sie die neu zum Glauben Gekommenen, wie sie Gottes Stimme sowohl für das Leben der *Community* als auch für ihr persönliches Leben hören können. Eine Hilfe dafür sind die vier für ein christliches Leben zentralen Beziehungsstränge (lesen Sie dazu auch den Abschnitt ZUM WEITEREN AUSTAUSCH weiter unten):

- Direkte Beziehung zu Gott durch Gebet, Bibellektüre und Gottesdienst
- Beziehung zur Welt
- Beziehung zur weiteren Kirche
- Beziehung innerhalb der *christlichen Community* und der Ortsgemeinde, zu der sie gehören.

Diese Beziehungen haben alle ihren Mittelpunkt in Christus. Lehren Sie die Mitglieder also, wie wichtig es ist, innerhalb dieser Beziehungen aufmerksam auf Christus zu hören. Immer, wenn ein praktisches (zum Beispiel, ob und wie Sie vor Ort Geflüchtete unterstützen könnten) oder theoretisches Thema (politische Einstellung der Regierung zu Immigration) diskutiert wird, können sich die Mitglieder fragen:

- Was sagt uns Christus zu diesem Thema, wenn wir die Bibel lesen (direkte Beziehung zu Gott)?
- Was sagt er uns durch die Weisheit von Menschen außerhalb der Kirche (Beziehung zur Welt)?
- Was sagt er uns durch andere Christinnen und Christen in unserem oder einem anderen Land (Beziehung zur weiteren Kirche)? Falls sie sich nicht sicher sind, können sie im Internet recherchieren.

- Was sagt uns Christus, wenn wir *miteinander* diskutieren (Beziehung innerhalb der *Community*)?

Durch die Begrenzung dieser vier Beziehungsstränge, innerhalb derer der Glaube und Gottes Wille entdeckt werden können, können Sie Fehler im Hören auf Gottes Stimme verringern. Diese vier Beziehungen bilden zusammen ein Gleichgewicht und erweitern den persönlichen Glauben und das Verhalten. Wenn man in allen vier Beziehungssträngen auf Christus hört, wird man zu einem vielseitigen Christen, einer vielseitigen Christin.

Zur Diskussion

Auswertung

Sie können die Fragen des „Church of England Fruitfulness Framework report" (vgl. Kapitel 2.3) nutzen, um zu sehen, ob die Teilnehmenden in ihrem christlichen Leben wachsen. Dieses Mittel ist hervorragend, um Mitgliedern und der *Community* als Ganzes zu helfen. Laden Sie die Fragen herunter und bitten Sie die Teilnehmenden, diese auszufüllen. Danach können sie gemeinsam im Gebet über die Antworten nachdenken:

- Wo hat Gott im Leben der Teilnehmenden am meisten gewirkt?
- Welche geistlichen Ziele könnten sie sich als Nächstes setzen?
- Wem könnten sie diese Ziele mitteilen? Wie könnte diese Person (oder diese Personen) sie bei diesem Ziel unterstützen und sie daran erinnern?

Ermutigen Sie die *Community*, die Ergebnisse der Umfrage bezogen auf die ganze *Community* zu besprechen.

- Welche Bereiche der persönlichen Spiritualität sind *am meisten* gewachsen? Durch welche Aspekte des Gemeinschaftslebens wurde dieses Wachstum gefördert und wie können wir dieses Wachstum noch verstärken?

- Welche Bereiche der persönlichen Spiritualität sind *am wenigsten* gewachsen? Was könnte anders gemacht werden, damit das Wachstum in diesen Bereichen gefördert wird?
- Wie fühlen Sie sich bei dem Gedanken, dass diese Dinge nun anders gehandhabt werden?

Lektüre

Lesen Sie zum Beispiel Apostelgeschichte 15,1-31 (das Konzil in Jerusalem). Wie wurden die Beziehungen zu Gott, zur Welt, zur weiteren Kirche und innerhalb der Gemeinde im Konzil einbezogen?

Oder lesen sie Lukas 9,1-6 (die Aussendung der Jünger).

- Was gefällt Ihnen an dieser Geschichte am besten?
- Wo sehen Sie sich selbst?
- Was finden Sie angenehm, was unangenehm?
- Was lernen Sie von diesem Text über Leiterschaft für Ihre neue *christliche Community*?
- Wer in Ihrer *Community* könnte in Zukunft vielleicht mehr in der Leitung mitwirken? Wen könnten Sie als Mentor begleiten, um zukünftig Leiter oder Leiterin zu werden?

Austausch

Welche spezifischen Praktiken würden in Ihrem Kontext ein christliches Leben zum Ausdruck bringen? Was bedeutet der christliche Glaube für Ihren Kontext?

- Wenn sich Ihre *Community* zum Beispiel aufgrund gemeinsamer Interessen oder einer Sportart gebildet hat, was bedeutet es, dies als Christin oder Christ weiterhin auszuüben?
- Wenn Ihre *Community* für einen bestimmten Ort gegründet wurde, was bedeutet es, Christus hier nachzufolgen?

- Wenn sich Ihre *Community* an eine bestimmte Bevölkerungsgruppe richtet, zum Beispiel Jugendliche – was bedeutet es, in der Schule ein christlicher Jugendlicher zu sein?
- Wie könnten Sie die Teilnehmenden, die sich in Richtung Glaube an Christus bewegen, dazu ermutigen, dieses christliche Leben zu entdecken und einzuüben?

Etwas Neues

Denken Sie zurück an das, was Sie in diesem Kapitel gelesen haben. Überlegen Sie sich etwas Neues, das Sie in Ihrer *Community* einführen möchten, damit der christliche Glaube gefördert wird.

- Was würden die Mitglieder Ihrer *Community* sehen, hören und fühlen, wenn dieser neue Fokus zur Realität würde?
- Über welche von deren Reaktion würden Sie sich am meisten freuen?

17. Wann ist man eine Gottesdienstgemeinschaft/ Kirche?

Was ist eine authentische Kirche?

Ab wann wird eine neue *christliche Community* zu einer neuen Gottesdienstgemeinschaft oder zu Kirche?

Die kurze Antwort ist: Eine neue Gottesdienstgemeinschaft ist eine *Community*, die sich als *Hauptfokus* auf den Gott der Christinnen und Christen ausrichtet und *hauptsächlich* aus Menschen besteht, die vorher nicht regelmäßig zur Kirche gingen. Einige Beispiele:

Ein Mittagstisch bietet einen freiwilligen geistlichen Abschluss, der hauptsächlich von Menschen genutzt wird, die vorher nicht in die Kirche gingen. Falls diese Gruppe sich nun hauptsächlich trifft, um sich auf Christus auszurichten, ist sie eine neue Gottesdienstgemeinschaft. *Die Gruppe des freiwilligen Abschlusses ist die neue Gottesdienstgemeinschaft, nicht der gesamte Mittagstisch.*

Ein Café bietet einen „Raum für die Seele" an, wo man sich am Vormittag trifft (hauptsächlich Menschen, die bisher nicht in die Kirche gingen) und „Spiritualität entdeckt". Falls dieses Treffen zu einer Gruppe wird, die hauptsächlich Gott anbetet, ist es eine neue Gottesdienstgemeinschaft. *Die Gruppe, die sich im „Raum für die Seele" trifft, ist die Gottesdienstgemeinschaft, nicht das gesamte Café.*

Eine generationenübergreifende *Community* trifft sich einmal monatlich, um zu basteln, zu spielen, eine Bibelgeschichte zu hören, zu beten und zu essen, und Familien, die hauptsächlich vorher nicht in die Kirche gingen, nehmen teil. Wenn bei dieser Veranstaltung nun die *meisten* Familien *hauptsächlich* kommen, um sich auf Gott auszurichten, ist diese eine neue Gottesdienstgemeinschaft.

Jugendliche, die nicht in die Kirche gehen, treffen sich am Freitagabend für Spiele und einen kurzen „geistlichen Impuls". Einige davon kommen jeweils dienstags zum *Pizza-und-Bibel*-Treffen und diese Gruppe lernt, was es heißt, Jesus anzubeten. *Dann ist die Gruppe vom Dienstag die Gottesdienstgemeinschaft, nicht das Treffen am Freitag.*

Wichtig ist, dass die meisten Mitglieder vorher nicht in eine Kirche gingen und die meisten hauptsächlich kommen, um sich auf irgendeine Art auf Gott auszurichten.

Die Größe ist nicht wichtig. Jesus sagte, dass er mitten unter uns ist, wo zwei oder drei sich in seinem Namen versammeln (Matthäus 18,20). In Europa haben viele reguläre Kirchen nur wenige Mitglieder, und trotzdem sind sie eine Kirche. Wichtiger als die Größe ist, ob Ihre Gruppe Teil des Leibs Christi ist. Hat die Gruppe die Eigenschaften einer Kirche? Um dies zu beantworten, müssen Sie zuerst wissen, was eine Kirche ist. Das folgende Kapitel beschreibt, was eine Kirche ausmachen kann.

1. Beziehungen als Wesen der Kirche

Jede Kirche, alt oder neu, besteht aus vier Beziehungssträngen, die in Christus ihre Mitte haben:

- Direkte Beziehung zu Gott durch Gebet, Bibellektüre und Anbetung
- Beziehung zur weiteren Kirche
- Beziehung zur Welt außerhalb der Kirche
- Beziehung innerhalb der *Community* oder Gemeinde

So lebte die Gemeinde in Korinth die verschiedenen Beziehungen:

- Direkte Beziehung zu Gott: 1. Korinther 12,7-11
- Beziehung zu anderen christlichen Gottesdienstgemeinschaften: Die Gemeindemitglieder lasen Paulus' Briefe und nahmen sich andere in der weiteren Kirche zum Vorbild; 1. Korinther 1,12
- Beziehung zur Welt: 1. Korinther 14,23-25
- Beziehung zueinander innerhalb des Gottesdienstes: 1. Korinther 14,26-31

2. Die vier Beziehungsstränge sind gleichermaßen wichtig

Die vier Beziehungen sind gleichermaßen wichtig, weil Jesus das Zentrum all dieser Stränge ist. Zusammen sorgen sie für eine gesunde Gemeinschaft mit ausgewogenen Beziehungen. Durch die Geschichte hindurch waren die vier Beziehungsstränge immer für die Kirche wesentlich und wurden auf verschiedenste Arten ausgedrückt. Aber der eine Geist wirkte durch diese Vielfalt.

Seien Sie also nicht besorgt, wenn Ihre neue *christliche Community* eher neuartig aussieht. Sie können Gottes Volk trotzdem authentisch repräsentieren. Suchen Sie einfach nach Wegen, wie Sie diese vier Beziehungsstränge festigen können. Wenn alle vier bei Ihnen vorkommen, befindet sich Ihre *Community* bereits im seichten Uferbereich der Kirche – von dem aus sie tiefer in die Kirche eintauchen kann.

3. Bibel, Sakramente, Leitung und geistliche Übungen

Diese Bestandteile werden in der christlichen Tradition alle als wichtig und mindestens einige als grundlegend für die Kirche gesehen. Sie können sich darüber Gedanken machen, indem Sie über das *Wesen* der Kirche und darüber, was für Sie *wesentlich* ist, nachdenken. *Wesen* und *wesentlich* müssen nicht immer dasselbe sein. Ein Schiedsrichter, eine Schiedsrichterin ist wesentlich für ein Fußballspiel, ist aber nicht dessen Wesen. In der westlichen Kultur sind Messer und Gabel fürs Essen wesentlich, sind aber nicht das Wesen der Mahlzeit.

Die vier Beziehungsstränge sind das Wesen der Kirche, es gibt aber vier wesentliche Aspekte für das Wachstum der Beziehungen in Christus:

- *Das Wort Gottes*, das auf verschiedene Arten gelesen werden kann. Ideen dazu finden Sie in Kapitel 4.
- *Die Sakramente* der Taufe und der Eucharistie/des Abendmahls.
- *Anerkannte Leitung*, die verschiedene Formen annimmt.
- *Geistliche Übungen*, zum Beispiel regelmäßige Treffen, finanzielle Großzügigkeit, persönliche Zeiten mit Gott.

Diese wesentlichen Punkte findet man in den Kirchen des Neuen Testaments in verschiedenen Formen. Seitdem sind sie Bestandteil der Kirche und werden auf verschiedene Arten ausgelebt. Sie sind Gottes unverzichtbare Mittel, durch die der Geist die Beziehungen zu Gott, zur Welt, zur weiteren Kirche und innerhalb der *Community* aufbaut.

4. Vom seichten Wasser in die Tiefe

Stellen Sie sicher, dass die wesentlichen Bestandteile in Ihrer *Community* auf lebensspendende Art gelebt werden.

Fragen Sie sich immer wieder: Wie nähren die Bestandteile alle vier Beziehungsstränge? Vertiefen Bibellektüre, Gottesdienst, Art der Leitung und geistliche Lebensrhythmen diese Beziehungen? Falls dies nicht der Fall ist, verändern Sie deren Form und gestalten Sie alles, was Sie tun, so, dass alle Beziehungen gedeihen können. So wird Ihre *Community* Teil des Volkes Gottes.

Wie wissen Sie, wann Ihre *Community* zu einer Gottesdienstgemeinschaft (oder etwas Vergleichbarem) als Teil einer Ortsgemeinde herangewachsen ist oder sogar selbst eine Ortsgemeinde ist? Die längere Antwort lautet: Wenn sie in den vier Beziehungssträngen wächst, die das Wesen der Kirche ausmachen, und wenn die vier wesentlichen Bestandteile vorhanden sind und die Beziehungen gedeihen lassen.

5. Gesunde Beziehungen zur weiteren Kirche

Die christlichen *Communities* des Neuen Testaments waren alle mit der weiteren Kirche verbunden und waren trotzdem selbstständig. Wenn also Ihre *Community* ins tiefere Wasser watet, stellen Sie sich die folgenden Fragen:

- Inwiefern lebt Ihre *Community* gesunde Beziehungen der Verantwortlichkeit und gegenseitigen Unterstützung mit Ihrer Muttergemeinde und anderen Kirchen? Welche Stärken und Schwächen haben Ihre Beziehungen und was könnten Sie sonst noch tun, um diese zu stärken?

- Inwieweit ist Ihre *Community* darin gewachsen, dass sie ein Ausdruck der Kirche ist? Steht sie im seichten oder bewegt sie sich ins tiefere Wasser? Sollte die *Community* offiziell als Gottesdienstgemeinschaft anerkannt werden?
- Falls Sie bereits mit einer Ortsgemeinde, einem Gemeindenetzwerk oder einer Kirche verbunden sind, wird Ihre *Community* bei Entscheidungsfindungen angemessen vertreten? Falls ja, wie gut funktioniert das? Sollte sie effektiver vertreten werden?
- Ist die *Community* angemessen selbstständig? Wie viel Freiheit hat sie insbesondere bei der Ernennung der Leitung inklusive der Gesamtleitung? Besteht ein gemeinsames Verständnis aller Mitglieder und ist dieses an einem Ort niedergeschrieben?
- Ist die *Community* geschützt, wenn bei der Muttergemeinde die Leitung wechselt? Oder könnte sie durch einen neuen Pastor oder eine Pastorin einfach beendet werden? Wie viel haben Sie bei der Wahl der Leitung oder der Geistlichen Ihrer Muttergemeinde mitzureden?
- Wen könnten Sie fragen, Sie bei diesen Themen zu beraten? Wann?

Zum weiteren Austausch

Lektüre

Lesen und besprechen Sie Apostelgeschichte 11,19-30 (die Entstehung der Gemeinde in Antiochia). Stellen Sie sich vor, dass die Gemeinde in Jerusalem eine heutige bestehende Kirche und die Gemeinde in Antiochia eine neue *christliche Community* ist. Erzählen Sie sich die Geschichte, wie wenn sie heute geschehen würde.

- Was sagt uns die Geschichte über *Mixed Ecology* (bestehende und neue Formen von Kirche, die nebeneinander vorkommen und eine Beziehung der Liebe und gegenseitigen Unterstützung haben)?
- Was möchten Sie als Ergebnis dieses Austauschs anders machen?

Reflexion

Betrachten Sie vielleicht mit einer weisen und von Gebet geprägten Person aus der weiteren Kirche die Beziehungsstränge Ihrer neuen *Community* zu Ihrer Muttergemeinde und der weiteren Kirche und stellen sie sich dazu die Fragen des Abschnitts 5.

Fragen Sie sich bei wichtigen persönlichen Entscheidungen/bei Entscheidungen im Team/in der *Community*:

- Welchen Beziehungsstrang beachten Sie dabei am meisten?
- Könnten Sie auf andere Beziehungsstränge mehr achten? Falls ja, was würden Sie aufgrund dessen anders machen?

Auswertung

Bewerten Sie, wie gut Ihr Team oder Ihre neue *Community* in den vier Beziehungssträngen (zu Gott, zur Welt, zur weiteren Kirche, innerhalb der *Community*) wächst. Wählen Sie einen der Stränge aus und stellen Sie sich die folgenden Fragen:

- Wie haben wir in den letzten Monaten oder im letzten Jahr spezifisch Wachstum in diesem Beziehungsstrang wahrgenommen?
- Wo wünschen wir uns in den nächsten Monaten oder im nächsten Jahr noch mehr Wachstum? Was tun wir bereits, um dort noch stärker wachsen zu können?
- Was könnte uns sonst noch helfen?

Überlegen Sie sich ein Überprüfungsverfahren. Vielleicht könnten Sie alle vier Beziehungsstränge einmal im Jahr so überprüfen.

- Wann würden Sie dies tun?
- Könnte die *Fruitfulness Framework*-Studie (siehe letztes Kapitel) dazu einige hilfreiche Fragen liefern?

Wiederholen

18. Den Kreislauf von vorne beginnen

Nachhaltigkeit durch Wiederholung

Wie sieht Erfolg in einer neuen *christlichen Community* aus?

Einige denken, dass eine richtige Gemeinde über Jahrzehnte besteht. Erfolg wäre gleichbedeutend mit Langlebigkeit. Aber denken Sie an die Urgemeinde in Jerusalem. Verglichen mit anderen Kirchen der Geschichte existierte sie nur sehr kurze Zeit – nur etwa 40 Jahre, bis die Römer Jerusalem 70 n.Chr. zerstörten. Und trotzdem gab es in der Geschichte wohl kaum eine Gemeinde, die mehr Frucht hervorgebracht hätte. Die Mitglieder gründeten neue christliche *Communities* in Judäa, Samarien, Zypern, Antiochia und an anderen Orten. Die weltweite Kirche wurde aus den Gläubigen in Jerusalem geboren und wächst immer noch.

Schauen Sie sich heutige Kirchen und Gemeinden an. Einige gibt es bereits sehr lange, aber stehen sie wirklich alle noch in Blüte? Gemeinden können über Jahrzehnte bestehen. Aber nur weil sie überleben, heißt das nicht, dass sie Frucht bringen. Falls Sie Früchte sehen wollen, sollte Ihr Ziel nicht Langlebigkeit sein, sondern Vervielfältigung. Helfen Sie neu zum Glauben Gekommenen, es den ersten Gläubigen nachzumachen und selbst neue christliche *Communities* zu gründen.

1. Vier Gründe, Ihre Community zu vervielfältigen

Wandel von einer fest gefügten zu einer fluiden Gesellschaft

In der Vergangenheit gab es weniger Veränderungen, aber in der heutigen Zeit befindet sich die Welt in ständigem Wandel. Vor diesem fluiden Hintergrund müssen wir auch von neuen christlichen *Communities* erwarten, dass sie fluid sind. Eine *Community* kann den Schwung verlieren, weil deren Schlüsselpersonen eine Familie gründen, bei der Arbeit befördert werden, krank werden oder wegziehen. Es ist ganz natürlich, dass die

Community sich einmal auflöst. Aber wenn die *Community* eine weitere *Community* gegründet hat, wird sie durch diesen Nachkommen weiterleben und so trotz der Höhen und Tiefen des Lebens bestehen.

Wandel von Langlebigkeit zu Vervielfältigung

Früher wurde Nachhaltigkeit mit Langlebigkeit gleichgesetzt. Aber die Bibel betont nicht Nachhaltigkeit, sondern Fruchtbarkeit. Jesus suchte Früchte (Johannes 15,1-8). Die biologische Aufgabe von Früchten ist, dass aus ihnen ein neuer Baum wächst. Also muss es unser Verständnis von Fruchtbarkeit sein, dass weitere *Communities* gebildet werden, wie dies auch bei der Urgemeinde in Jerusalem der Fall war. Unser Hauptziel sollte nicht sein, eine langlebige *Community* zu gründen, was heutzutage wenig realistisch ist, sondern eine *Community*, aus der weitere *Communities* hervorgehen. Dies passt zum fluiden Wesen der heutigen Welt und – noch viel wichtiger – zur Bibel.

Wandel von „zum Glauben kommen in der Kirche" zu „zum Glauben kommen im Leben"

Ursprünglich machten wir andere in Gottesdiensten, Glaubenskursen und Kleingruppen *innerhalb der Kirche* zu Jüngern. Dies ist hilfreich, um in die Geschichte Gottes hineingezogen zu werden und die Prinzipien von christlichem Verhalten zu lernen. Aber hierbei kann der Glaube weniger gut mit dem Alltag verbunden werden.

Vielleicht fragen Sie sich: „Was bedeutet es angesichts meines schikanierenden Chefs die andere Wange hinzuhalten? Ich würde das so gerne mit anderen Christinnen und Christen besprechen, die diese Situation kennen." Deshalb ist es wichtig, einen christlichen Freundeskreis zu haben und zu entdecken, wie man die Menschen um sich herum lieben kann. Denn dadurch entstehen Möglichkeiten, gemeinsam zu lernen, was es heißt, Jesus in diesem Kontext nachzufolgen. Die Gründung einer *neuen christlichen Community im Alltag* beschleunigt die geistliche Reife, weil wir Gott stärker vertrauen müssen, und weil wir ganz praktisch Wege finden müssen, um andere zu lieben. Wir müssen in einem christlichen Team mitwirken und herausfinden, wie wir die Gute Nachricht auf natürliche, liebevolle und relevante Art verkünden können. Der Glaube muss mit den Erfahrungen im Alltag verbunden werden. Ein Beweis dafür sind die Ergebnisse der *Fruitfulness Framework*-Studie.

Was ist besser für geistliches Wachstum, als mit anderen Christen und Christinnen gemeinsam im Alltag zu wirken! Ermutigen Sie also neu zum Glauben Gekommene, sich jemanden zu suchen, mit dem sie eine neue *christliche Community* gründen und so geistlich wachsen können.

Wandel von Wachstum zu Vervielfältigung

Oft steigt das Wachstum von Gemeinden oder neuen *Communities* zu Beginn an und stagniert dann bzw. wird sogar rückläufig. Aber wenn Sie eine weitere *Community* gründen, werden Sie insgesamt mehr Menschen erreichen.

Eine Frau gründete mit Menschen aus einer armen Nachbarschaft eine christliche Community in ihrem Wohnzimmer. Nach einer Weile wurde es etwas eng, also trafen sie sich in der Schule in der Nähe. Das war ein Fehler. Denn durch das größere Treffen fühlten sich die ursprünglichen Mitglieder weniger eingebunden. Sie wollten die Treffen nicht mehr leiten und kamen nach und nach nicht mehr. Mehrere kleinere Gruppen wären hier vielleicht besser gewesen.

2. Drei Schritte

Große Erwartungen

Erwartungen sind der Nährboden für neues Leben. Beten Sie also bereits von Beginn an, dass sich Ihre *Community* vermehrt, und machen Sie dies zu einem Ihrer langfristigen Ziele. Und sprechen Sie unbedingt darüber.

Sagen Sie sich selbst und anderen nicht: „Ich fühle mich berufen, eine neue *christliche Community* zu gründen“, sondern „Ich fühle mich berufen, ein *Netzwerk* von neuen *Communities* zu gründen“. Sprache formt Ihr Denken, nutzen Sie also die richtige Sprache und formen Sie so Ihre Erwartungen. Und Ihre Erwartungen werden die Erwartungen von allen anderen prägen. Wenn einige in Ihrer *Community* nach dem Glauben fragen, können Sie erklären, dass eine kleine *christliche Community* Teil des christlichen Lebens des 21. Jahrhunderts sein kann. Wenn die Teilnehmenden dann fasziniert sind, können Sie ihnen eine der in *Start-up:Kirche* erwähnten Geschichten erzählen und mit ihnen herausfinden, was ihr Teil an dieser Geschichte sein könnte.

Suchen Sie sich lernbereite potenzielle Gründer von neuen Communities

Halten Sie bereits sehr früh Ausschau nach einem oder zwei Personen Ihres Kernteams oder der Mitglieder, die zum Glauben kamen, welche die nächste *Community* gründen könnten. Beten Sie für diese Personen, verbringen Sie Zeit mit ihnen, teilen Sie Ihre Vision eines Netzwerks von christlichen *Communities* mit ihnen und nehmen Sie *Start-up:Kirche* zur Hilfe. Lassen Sie sich insbesondere in ihre Welt führen und stellen Sie Fragen, die zum Nachdenken anregen. Dafür können Sie die Alphabet-Anleitung in Kapitel 8 nutzen. Fordern Sie andere Mitglieder ihrer *Community* heraus, denn es könnte mehr Menschen geben, die lernbereite potenzielle Gründer und Gründerinnen einer neuen *Community* sind, als sie denken.

Möglichst einfach

Machen Sie die Teilnehmenden auf eine einfache Art mit Jesus bekannt, die sie selbst dann auch nachahmen können. Einige Beispiele:

- Zeigen Sie ihnen Filme, die sie auch in ihrem Freundeskreis anschauen können.

- Nutzen Sie einfache Methoden zur Bibellektüre, die einfach umgesetzt werden können (siehe dazu Kapitel 4 und 14).
- Beten Sie auf eine Art, die Ihre Mitglieder nachmachen können, und formulieren Sie einfach und klar (vgl. Kapitel 5.5).

Wenn Sie dafür beten, dass Ihre *Community* sich reproduziert, dann führen Sie reproduzierbare Praktiken ein. Diese Praktiken werden zu Gebetserhörungen.

3. Zwei Beispiele

Thirst (Durst)

Eltern und Betreuende in der Nähe von Cambridge kamen durch „Thirst", eine Diskussionsgruppe von Eltern, die ihre Kinder zur Schule bringen, zum Glauben. Die Eltern waren so begeistert von dieser Gruppe, dass sie ihren Freundeskreis und ihre Kinder einladen wollten. Diese waren aber zur Zeit des Treffens bei der Arbeit oder in der Schule. Deshalb wurde die Gruppe „Thirst Too" (auch Durst) gegründet und man traf sich am Samstagnachmittag. Diese Gruppe war generationenübergreifend und bestand aus Menschen, welche die Thirst-Teilnehmenden kannten.

Sorted (geordnet)

Sorted war eine Gruppe von 11- bis 14-Jährigen. Als diese älter wurden, schlugen sie der Leitung vor, dass sie dasselbe mit der nächsten Generation durchführen könnten, und das taten sie.

4. Eine Herausforderung

Gott versprach Abraham Nachkommen so zahlreich wie die Sterne (Genesis 15,5), aber er und Sarah konnten keine Kinder haben. Stellen Sie sich vor, wie sich das angefühlt haben musste. Vielleicht fühlen Sie sich bei diesem Kapitel ähnlich. „Wie kann ich darüber nachdenken, meine

Community zu vervielfachen, wenn ich noch nicht einmal begonnen habe?" Falls das so ist, nehmen Sie sich ein Beispiel an Abraham und vertrauen Sie Gott.

Und machen Sie ein Gedankenexperiment. Stellen Sie sich eine *Community* in einem Café vor, das kurze „spirituelle Impulse" für die Cafégäste anbietet. Von den Gästen kommen einige zum Glauben und nehmen an den Sitzungen des christlichen Kernteams mit Bibellektüre, Gebet, Ausrichtung auf Gott und Gemeinschaft teil. Ihr Glaube wird tiefer. Aber die *Community* ist klein, einige der Gründerinnen und Gründer ziehen weg und mit ihnen schwindet die Energie. Die *Community* verkümmert.

Eine andere Möglichkeit ist, dass die *Community* gedeiht, obwohl sie klein ist, weil sie sich vervielfältigt. Das Gründerteam gründet vielleicht eine zweite *Community*, bleibt aber immer noch in Kontakt mit der ursprünglichen. Oder die *Community* sendet ein kleines Team aus, um eine zweite *Community* im selben Kontext zu gründen. Oder jemand lernt Jesus kennen, tut sich mit jemand anderem zusammen und gründet eine weitere *Community* in einem anderen Kontext, jemand anderes macht dasselbe usw. Die ursprüngliche *Community* hat ihre Zeit gehabt und löst sich auf, aber lebt durch die verschiedenen Nachkommen weiter.

Wie stellen Sie sich Ihre Zukunft vor?

Zum weiteren Austausch

Lektüre

Lesen Sie Apostelgeschichte 11,19-23. Vielleicht haben Sie diese Stelle bereits in Kapitel 17 gelesen, wo es um die *Mixed Ecology* ging. Jetzt geht es darum, den Vorgang zu wiederholen. Fragen Sie sich vor dem Austausch, ob Vervielfältigung der Kirche für Sie bedeutet, gleiche oder andere *Communities* zu gründen. Lesen Sie Apostelgeschichte 11,19-23 nochmals.

- Was nimmt jeder und jede von uns aus dieser Stelle mit?
- Was lernen wir daraus für unsere *Community*?
- Was könnten wir als Nächstes tun?

Einfachheit

Falls Sie mit Ihrer neuen *Community* gerade erst begonnen haben, überlegen Sie sich, wie Sie alles so einfach wie möglich halten können, sodass es durch neu zum Glauben Gekommene einfach nachgemacht werden kann.

- Wie können Sie Ihre *Community* organisieren, damit neue Gläubige etwas Ähnliches machen können?
- Was werden Sie tun, um Menschen den Glauben auf eine Art näherzubringen, die sie einfach nachahmen können? Wie werden Gebet, Bibelstudium und Anbetung gestaltet, damit es für andere einfach nachahmbar ist?

Gebet

Betrachten Sie das Gebetsleben Ihres Teams und/oder Ihrer *Community*.

- Was sind die häufigsten Themen beim Gebet?
- Wie oft beten Sie für neue *Communities*? Kommt dieses Thema so oft vor, wie es Ihnen wichtig ist?
- Was müsste geschehen, damit *Vervielfältigung/Wiederholung* zu einem häufigeren Thema wird?

Finden

- Wer in Ihrer *Community* könnte eines Tages eine andere *christliche Community* gründen? Was sagt oder tut diese Person, das Sie zu dieser Überlegung bringt?
- Wo ermutigen, unterstützen und rüsten Sie diese Person bereits aus? Was könnten Sie noch tun?

Stellen Sie sich vor ...

Stellen Sie sich vor, dass über Nacht ein Wunder geschehen ist und Ihre neue *Community* neue *Communities* hervorgebracht hat.

- Stellen Sie sich nun eine Skala von 1 (sehr weit weg) bis 10 (das Wunder ist geschehen) vor. Wo befindet sich Ihre *Community* auf dieser Skala?
- Was müsste anders gehandhabt werden, damit Ihre *Community* in der Skala einen Schritt höher gehen könnte? Was müssten Sie tun, um zu diesem Schritt zu gelangen?

Anhang

Danke!

Ein großer Dank geht an die Pionierinnen und Pioniere, von deren Ideen ich mich bei diesem Buch inspirieren lassen habe. Besonders danken möchte ich den Personen, die sich die erste Ausgabe von *Start-up:Kirche* mit mir angeschaut haben. Mein Dank gilt Simon Jenkins, der das Layout der ersten Ausgabe gestaltete, Julie Frederick, welche die zweite Ausgabe redigiert hat, sowie Simon Goddard, der den Überblick über den gesamten Prozess inklusive Website hatte. Mein größter Dank geht an meine Frau Liz, die mich in der Arbeit mit neuen christlichen *Communities* unterstützt und erträgt. Allfällige Auslassungen, Fehler oder Mängel sind natürlich meine Schuld.

Material

Die begleitende Website zur englischen Originalausgabe dieses Buchs mit zahlreichen Zusatzmaterialien wie Videos und Animationen finden Sie hier:
https://godsend.cloud ....

Informationen zu „Fresh Expressions of Church", zur Gründung neuer *christlicher Communities*, finden Sie unter
https://freshexpressions.de (Deutschland)................

https://www.freshexpressions.ch (Schweiz)..............

http://freshexpressions.org.uk (Das englische Original).....

Zur vertiefenden Lektüre über **„Fresh Expressions of Church“** bieten sich folgende Bücher an:

- Michael Moynagh, *Fresh X – das Praxisbuch* (Brunnen, 2016). Dieses ausführlichere Handbuch erklärt, wie eine neue *christliche Community* funktioniert und warum es sie geben sollte.
- Michael Moynagh, *Fresh Expressions of Church: Eine Einführung in Theorie und Praxis* (Brunnen 2016). Dieses umfangreiche Buch (engl. Original: *Church for every Context*) bietet die akademische Grundlegung, voller Theologie und Grundsätzen, aber auch voller praktischer Beispiele.
- Maria Hermann, Florian Karcher (Hg.), *anders: denn Kirche hat Zukunft. Wie Fresh X neue Wege gehen* (Herder 2022). Hier stellen junge katholische und evangelische Autorinnen und Autoren ihre innovativen und kreativen Ansätze vor.
- Hans-Hermann Pompe, Patrick Todjeras, Carla J. Witt, *Fresh X – Frisch. Neu. Innovativ: Und es ist Kirche* (Neukirchen 2020). Ein Grundlagenband mit speziellem Fokus auf den deutschsprachigen Raum.
- Reinhold Krebs, Daniel Rempe: *Fresh X – der Guide: Neue Gemeindeformen entdecken* (SCM R. Brockhaus, 2017). Hier finden Sie in Form eines Reiseführers Hintergrundinfos und Erfahrungsberichte aus dem deutschsprachigen Raum.

Mehr zur **„Kirche Kunterbund“/„Messy Church“** finden Sie unter *https://www.kirche-kunterbunt.de, https://www.messychurch.brf.org.uk* oder in dem Buch von Reinhold Krebs und Sabine Sramek (Hg.), *Kirche Kunterbunt: Neue Ideen für Gemeindeentwicklung mit Familien* (Neukirchener Verlag/Praxisverlag buch+musik, 2. Auflage 2024).

Den gesamten Text der Fruitfulness-Framework-Studie finden Sie unter: https://static1.squarespace.com/static/60363d3850f9d152a0d8d9de/t/62266997c0e72539fce758f8/1646684570215/Fresh+Expressions+of+Church+-+Fruitfulness+Framework+report+-+Eido+Research.pdf. . . . .

Anregungen zum **Gruppengespräch** finden Sie unter *https:table-talk.org*. Als praktisches Hilfsmittel, um ein Gespräch anzuregen, haben sich die *Talk-Boxen* (Neukirchener Verlag, vgl. *https://neukirchener-verlage.de/kommunikation-spiel/talk-boxen.html*) bewährt.

Material zum **Bibelstudium** finden Sie z. B. unter *http://www.bible-discovery.com/de*. Unter *https://bibletunes.de* finden Sie Bibelerklärungen als Podcasts. Unter *https://www.die-bibel.de* (Deutsche Bibelgesellschaft, auch als Smartphone-App) und *https://www.bibleserver.com* sowie der *You-Version-App* finden Sie den Text verschiedener Bibeln sowie zusätzliches Material, unter *https://www.bibelwissenschaft.de/wibilex* finden Sie ein kostenfreies, wissenschaftliches Bibellexikon. Studienhefte für Kleingruppen zum vertieften Bibelstudium bietet die Serendipity-Reihe *https://brunnen-verlag.de/serendipity.html.*

Anregungen für die **Gestaltung von Gottesdiensten** finden Sie unter *www.engageworship.org*. Das Buch von Stephan Goldschmidt u. a., *Fasse dich kurz – Gottesdienste im Espresso-Format: Werk- und Beispielbuch* (Neukirchen 2022) gibt Hilfen zur Gestaltung kurzer, kreativer Gottesdienste.

Kontakte zu Ihrer Nachbarschaft können sie z. B. über das soziale **Nachbarschafts-Netzwerk** *https://nebenan.de* aufbauen.

Moynagh, Michael

Fresh X - das Praxisbuch

416 Seiten, Paperback
ISBN Buch 978-3-7655-0955-1
ISBN E-Book 978-3-7655-7401-6

„Fresh Expressions of Church": Neue Glaubensgemeinschaften sprießen plötzlich an den ungewöhnlichsten Orten aus dem Boden – in Cafés, Fitnesscentern, Pubs und unter Leuten, die ein gemeinsames Interesse verbindet wie Fahrräder reparieren, filzen oder kochen. Und Christen lernen auf ganz neue Art, ihren Glauben im Alltag zu leben.

Michael Moynagh erklärt, was eine Fresh X ist, wie sie funktioniert und warum es sie geben sollte. Er erläutert die Schritte, die man gehen muss, um eine Fresh-X zu gründen, ohne einen Fahrplan vorzugeben.

Brunnen Verlag GmbH
www.brunnen-verlag.de